山怪実話大全

岳人奇談傑作選

東 雅夫 編

山と溪谷社

山怪実話大全

岳人奇談傑作選

東 雅夫 編

山と溪谷社

カバー・表紙（裏）
作品制作　江本　創
写真撮影　勝峰　翳

目次

*

＊＊

*

不思議な山

夢枕　獏

1

たぶん、他の方も経験があると思うのだが、同じ山に何度か通っていると、以前に踏んだのとまったく同じ石を、同じ足で踏み、右手で同じ樹の枝を摑んで自分の身体を引きあげていたりすることがある。

ぼくは、上高地から槍ヶ岳に三度ほど行っているのだが、その三度とも（正確には二度）、同じ体験を味わった。

横尾から先のコースなのだが、左足で石を踏み、次に右足でもう少し上の木の根を踏んで、右手で前方の樹の枝を摑む——そんな順であったと思うのだが——あ、これはこの前の時のパターンだなと、すぐにそれを思い出すのである。石の形や、自分の呼吸のリズムや、何もかもが前回と同じであると、その時、わかるのである。

冷静に考えれば、これは不思議でも何でもない。同じ歩幅の人間——つまり本人が、同じコースを歩けば、狭いコースの場合、自然に前回と同じ手順をふんで登ってゆくことになる。ある登りにさしかかった時に、右足から踏み出す方がいいか、左足から踏み出す方がいいか、どちらか一方を、否応なく選択することになる。ある登りの時、左足（右足でもいい）から先に踏み出した方がコースもとりやすいし登りも楽であるというケースはいっぱいある。同じルートを歩けば、自然に前回と同じコースに同じ手順で入ってしまうことは、よくあることであろう。

不思議なのは、そういった細かいことを覚えていて、しかも覚えているという自覚は、それを二度目に体験するまでまったくないというのに、直面したとたんに思い出してしまう人間の脳であろう。

2

これは、ヒマラヤへ行った時のことだ。

マナスルのベースキャンプで、雪に閉じ込められた。標高は四六〇〇メートルくらいであろうか。

夜半に起きて、テントを抜け出して小便に行った。

思いがけず、空は晴れていて、満天の星で、雲はない。

ところが、チベット方向の、下方の谷で、何かが光っているのである。何十秒かの間をおいて、谷間で、光るものがあるのだ。

光源そのものは、手前の雪の尾根に隠れて見えないのだが、そのむこうの谷で、たとえていうなら、ストロボのように光るものがあるのである。そこの谷に、別の登山隊が入っていて、夜半に写真でもとっているのかと、最初はぼくも思った。しかし、そんな登山隊がこの山域に入っていないことはわかっている。

ならば、稲光かとも思ったが、雲は空にも地上にもない。もしかしたら、尾根に隠れて見えない場所に、帯電した雲でもあるのかとも思ったが、それにしても、音もないのだ。

足元よりも、何百メートルかは下の高度で、時おり発光するその光を、しばらくぼくは見ていたのだが、あれは何であったのだろうかなあ。

3

どこであったろうか。

信州のどこかの山であったはずだ。

さして大きくもない岩の尾根のすぐ直下あたりで、岩の下から水がわき出て、下の谷まで流れ落ちているのを見たことがある。

尾根の上までは、あといくらもなく、しかし、それにしては、これほどと思えるほどの水量なのであった。

まわりに、いくつも高い山があり、その山の懐から、こんこんと水が溢れ出てくるというのならわかるのだが、これほど天に近い場所の岩の間から、よくこれだけの水が出てくるものだ。

水源は上部にあるのだろうから、ごくわずかの岩の塊でしかない尾根の岩の内部から、水が出てくることになる。水源となる雪が、尾根のどこかにあるというわけでもない。

その岩尾根の内部に、天のどこかに通ずる、次元を超えた穴があいていて、水はそこからやってくる——そのように考える方がよほどしっくりする光景だった。

4

山——いや、山というよりは、登山という行為には不思議な作用がある。

単独の登山で、自分の肉体をいじめながら、上へ上へと身体を重力にさからって押しあげてゆくうちに、汗と共に身ぐるみはがされてゆくのである。

都会の余計な垢はもちろん、自分自身の精神や、意識からさえ、いろいろなものがそげ落ちてゆく。

単独行——

これほど、自分の魂を見つめる作業としてふさわしいものはないように思う。

自分の肉体を使って宇宙との交信をしようという作業にも似ている。

はがされてゆくうちに人間ですらなく、獣ですらなく、ただの自分になってゆく。そこをくぐりぬけたあげくに、もう一度、哀しい人間の肉体にたどりつく。

自分は、自分であると同時に、人間の肉体と、人間の精神を持ったものであることがわかる。

結局、哀しい人間にたどりつく。

たぶん、山の頂《いただき》で、人がたどりつくのは、この人間の哀しみなのだ。

だからこそ、人は、その頂から降りることができる。降りてゆくことができるのだ。

街へ——

*
*

山の怪談

深田久彌

五、六日の山の旅程では、たいてい一、二日くらいは雨風のため山小屋に閉じこめられることを覚悟せねばなるまい。そういう時、囲炉裏《いろり》の火を囲んでよもやまの山の話に耽《ふけ》るのが常だが、よく話は山の怪談に落ちてゆく。

登山の繁盛期も過ぎた九月はじめのある日、僕らは夜半からのひどい嵐に見舞われて一歩も外へ出ることもならず、ある山小屋に閉じこめられていた。もうほとんど登山者も来ず、小屋番も荷を纏《まと》めて里へ降ろうとしていたところだった。

薄暗いランプより焚火の方が明るい炉ばたで、小屋番、人夫など打ちまじっての賑やかな雑談だった。さまざまな山の話から、例によって怪談に移って行った。

木曾の御嶽《おんたけ》で二十数名の行者がゴソッと行方不明になった話や、立山《たてやま》の真砂谷《まさご》でテントを張ると、真夜中に遭難者の呻《うめ》き声が聞こえるという話や、奥利根の宝川の奥の山小屋で八名の猟師が一晩のうちに変死を遂げたという話や、――各自思い思いの話をしたあとで、K君が次のように語りだした。

僕が一高の生徒の時だからもう十七、八年も昔のことになるけれど、そのころ僕はよく秩父の山や谷を歩いた。今でこそ上越だの奥日光だのと、簡単に山へ行けるようになったが、そのころはまだ今日のように登山熱が盛んでなく、交通機関も今と較べれば格段の相違だ。暇はいくらでもあるが金はあまりないという当時の僕らには、奥秩父が最も気に入ったプレー・グラウンドだった。

もっともまだ標識なども立っていず、道も悪かった。このごろのように山の案内書が本屋の店先に氾濫しているわけではなく、田部《たなべ》重治氏の『日本アルプスと秩父巡礼』という本が唯一のハンド・ブックだった。何も僕はむやみに昔ばかりを賞め讃える老人趣味ではないが、しかしこう山が開けてしまって、わけの分からぬ有象無象《うぞうむぞう》がワンサワンサ押しかけて行くのを見ると、そぞろに昔の山登りが懐かしくなるね。何しろこのごろでは土曜日曜に山へ行こうとすると、窓から客車の中に飛び込もうという鋼鉄製の心臓を具《そな》えない限りは、まず立ちん坊を覚悟せねばならない次第だものね。あのころ、というと、またか、と君たちはいうだろうが、あのころの飯田町という駅は懐かしい。中央線はそこから出発したのだ。土曜の晩発《た》つにしても、待合室に登山者の姿がチラホラ見えるくらいで、このごろの新宿駅の物々しい雑沓《ざっとう》にくらべると、全く夢のようだ。駅の前に屋台の支那蕎麦屋があって、我々はよくそこで腹を充たして汽車に乗ったものだ。ゆっくりと座席を取ってね。

電化はもちろん、スピード・アップとやらもされていない時だが、秩父などへ行くにはかえってこの方が好都合だった。今じゃ夜行で発って甲府まで行ってもまだ真っ暗だが、昔のノロノロ列車は、初鹿野《はじかの》か塩山《えんざん》あたりで薄《うっす》らと夜があけてくれる。汽車の中でグッスリ一眠り出来たのは、若い身体だったせいもあろう。

友のT君と二人、塩山で降りて歩きだしたのは、昔の天長節前後、すなわち十月の終わりから十一月の初めにかけての休日だったと覚えている。今ならどんな駅で降りてもたいていバスが待っていてくれるが、もちろんそんなものはなく、テクテクと麓まで歩かねばならなかった。塩山から笛吹川のほとりに出て、それからずっと川に沿って行く秩父往還、あそこは何度も歩いただけに僕にとっては懐かしい道だ。川浦から先の、笛吹川を左手に低く下に見て、爪先上がりに上って行くあの道が、今も眼に見えるようだ。

さて僕等はその笛吹川の一番奥の部落の赤志《しゃくし》まで行って、そこで雁坂峠《かりさかとうげ》へ上る道と分かれ、子《ね》酉《とり》川の谷にはいった。子酉川は間もなく東沢と西沢とに岐《わか》れる。その東沢を溯って、鶏冠山《とさかやま》の大きな岩壁の下を過ぎてヒョイと曲がった所の川原に、東沢ノ小屋があった。当時の小屋は今もあるのかしら。何にせよその頃この無人の山小屋には数回御厄介になっているので、僕には懐かしいのだ。

翌日はこの小屋を出て釜沢を溯って甲武信《こぶし》ヶ岳に登った。釜沢の美しさには感激したね。その後一ぺん行ってみて十六年前の感激を新たにしようと思っているのだが、最近の釜沢は倒木が多くて昔を知っている人には幻滅を感じさせるから止《よ》せ、とある山の友人が忠告してくれたので、実行を見合わせている。

甲武信の頂上には今は山小屋が出来たそうだが、僕らが登った時には、頂《いただき》から百メートルほど西に下った所に木樵《きこり》の笹小屋みたいなものが二つ三つあるきりだった。その小屋で寒い一夜をあかして、翌日は真《しん》ノ沢へ下った。はじめの予定では、この真ノ沢を栃本まで下ってそこで一泊し、翌日帰京するつもりだった。ところが途中まで下って地図を見ると、真ノ沢の一支流に沿って点線の道が、雁坂峠の方までついている。それを辿《たど》って行けば峠を越えて今晩の夜行に乗れそうだった。二人は異議なくその道を採った。

ところがその道は進むにつれて廃道同様に荒れていて、思いのほか暇どった。いったいこんな道を通る人があるのかしら、などと愚痴まじりの話をしながら行くと、思いがけなく突然眼の前に小屋が現れた。小屋というより家といいたいほどの、ちゃんとした建物だった。

へえ、こんな所にねえ！　と怪しみながら戸をあけて入ると、中は床《ゆか》もあり押入れもあり、確かに誰かが住まっていたあとだ。無人になってから久しく放ってあったとみえて、家は随分と荒れていた。いったい山の中では、自然現象はどんなに凄くても案外平気なものだが、ただそこに何か人間の匂いが混じってくると、妙に怖いものだ。僕らもあんまりいい気持はしなかった。二つの流れが落ちあったところで、その川音さえ何か陰に籠《こ》もったように聞こえたのは気のせいであろう。もう夕方近くなって、とうてい今日のうちに峠を越えられそうもないので、その晩はそこに泊まることにした。

この山旅の最後の晩餐というわけで、ありったけの缶詰を皆あけ、飯をバターでいためてハムライスなど作って食った。腹がいっぱいになると、焚火をさらに豪勢に燃え上がらせて、その囲炉裏のふちに二人とも寝ころび、大声で寮歌を幾つも歌った。目的を果たした山旅の終わりというものは、何か心が浮きたつものだ。

もう寝よう、というので、押入れの棚に立てておいた短くなったローソクを吹き消して、二人とも黙った。谷間のせいか割合あたたかく、安らかに一夜を眠り通した。

翌朝起きるとすぐ出発準備だ。何だかT君の顔色がすぐれない。

「眠れた?」

「うん、よく寝た」

別に何事かあったらしくもない。おじやにした朝飯を掻きこんで二人はその日の行程についた。道々やはりT君は、いつもの元気に似合わずすぐれない顔をして、あまり口もきかない。山の旅ではよく気むずかしくなることがあるものだ。放っておくに限ると、僕も黙って足を急がせた。

雁坂峠を越えて塩山まで、下りに任せてトットと歩いた。駅に着いて間もなく汽車が来た。それに乗り込んで、やれやれという気持に寛いだとき、始めてT君が親しい口を切った。

「押入れに立てておいたローソクね、今朝起きて見ると真っ白な新しいのに変わっているんだ」

思わずゾッとして僕はT君の肩に摺《す》り寄った。

学校へ帰って旅行部の人に聞くと鉱山か何かの跡で、化物屋敷として通っていたそうだ。囲炉裏の灰をほじくっていると人形の首が出た、というような話を聞かされて、それを知っていたら泊まれるわけじゃなかった、知らぬが仏で幸いだった、と思った。

焚火をかきたててからの話

上田哲農

蜘蛛

上高地には、頭がちいさくて足の馬鹿げてひょろ長い蜘蛛《くも》がうんといる。

林道を歩いていくと、ソイツはある時はゆっくりと、交互に足を持ちあげるようにして散歩をしていることもあるが、人の気配に気づくと別物のような敏捷な仕草でくさむらへ飛んだりする。

Yは大の蜘蛛嫌いだった。

蛇でも蜘蛛でも本気に嫌いな人間には、それがいると、二、三間《げん》も前方から予感といおうか、においのようなものさえ感じるものだそうである。

だから、小梨平に停滞中、彼はこいつには参ったらしい。

ひょろ長い足がみつかるたびに、テントの中であろうが、道端であろうが、目の敵《かたき》にして踏みつぶしていた。

今日はいよいよ涸沢《からさわ》入りである。

すっきりと、雲一つなくあけた天候のせいでもあろうか、不思議にも今日はアイツを一匹も見かけなかったので、Yもこの日の空のように朗かであった。

横尾の出合《であい》で昼になる。

ワッ——

という声とともに彼が飛び上り、飯盒《はんごう》を放り出すのとが同時だった。

飯盒の中盒《なかぶた》をとると三分の二ほどつまった飯の上に——いたからである。

いつまぎれこんだのか今日になって初めてのアイツが、ひょろ長い足をふるわせてうずくまっていた。

こともあろうに、Yの飯の上に——勿論そいつはSにとっつかまえられ、一瞬にして踏みつぶされてしまった。

Yはしばらくは青い顔で、うらめしそうに飯盒をみつめていた。

這松《はいまつ》と残雪を越えて、もう穂高小舎へ二十分というところでまた飯となった。

這松の幹や岩角へ思いおもいに陣取ると、誰からともなく、さっきのYの驚愕ぶりや、蜘蛛嫌いから始まって賑かな会話の花がさいた。

御当人も仕方なしに苦笑をしながら飯盒をとりあげている。

「オイ、また出るぞウ」

誰かが言った。

皆はどっと笑った。

Yはいよいよテれている。


それから二秒後、ぼくら全部青くなってしまった。

蓋をあけて、中盒をとると——また——Yのすでに半分以下に減っていた飯の上に、なんと、アイツが黒々とさっきと同じ姿勢でいたではないか。


わからない。さっきのアイツは一同の目の前でSによって踏みつぶされたではないか。

あれから飯をくって蓋をする間に、別のアイツがまぎれこむようなことは絶対になかったのだ。

飯をつめこむ時に這入ったものなら、飯の重みでとうの昔に押しつぶされているはずである。

それなのに、アイツは飯の上で、ふんわりと何本もの黒い足を軽く踏んまえて立っている！


折しも北尾根から霧が流れて、カールの底の方にどんよりとした曇りがあらわれた。

Yはもう、二度と、どうしてもこの飯盒に手を触れようとはしなかった。

ケルン

ぎりぎりいっぱいの登攀だった。

このリス以外に上に出る見込みはない。ヌメヌメと光って全く手掛りのない壁が二十メートル、その上はテラスと思うが、ここからは見えない。

途中でハーケンを打ちこむ場所もなさそうだし、もしあったとしても打込みにとる姿勢のできる見込みもたたない。

いま、ぼくらのいるのはかなりよいスタンスだけれども、ここから下はまたすごく落ちこんでいる。

今までは確実にTのルートと思われるところを辿《たど》ってきた。

彼はこの壁の初登攀を敢行中、惜しくも不幸な墜死を一年前に遂げた。

その時の彼もやはりこのリスをルートに選んだに間違いないと思うのだ。

他に絶対にルートとして考えられるものはないのだから。

彼の遺骸のポケットから出た山手帖にある――悪いリス、上はテラス、ケルンを積む――というのもこれを裏書きしているのではなかろうか。

ぼくらはもう、引返すより登る方がマシだと思いこむような土壇場になっていた。

それほど、これまでも悪かった。


リスにまず一本うまいところを見つけてハーケンを打つ。

うまく入った。

カラビナを通す。


用意ができると、乾坤一擲《けんこんいってき》の登攀にとりかかった。

リスは一年前にTが触れた以外、全く新鮮な感触で手の切れそうな鋭さで挑んできた。

じわじわと油汗のにじむ登攀——。


途中でフッと思った。

落ちたらスタンスを飛び越して下までふられるに間違いがない。

三十メートルのザイルはもう半分以上も出ている。二十メートルの二倍、四十メートルのぶらんこ——これはほとんど致命的スリップといえよう。


急に綱の重量を背中に感じる。

引き落されるような気がして、膝がふるえ始めた。

あと、一メートル——。

――もう五十センチメートル。

そろそろと――右手が上へのびかかる。

ザラザラした平面を撫で、小石がバラバラと落ちた。

とうとううまくピンをつかんだ。

こんどは左手。

次第に身体がずり上る。

もし、このルートが違っていたら進退きわまることになる。

――どうかこの登攀がTのルートそのものであってくれるように――。

壁はじりじりとさがって、額が、目がその上へ。

案のじょう、そこはいいテラスだった。

それよりも、あった。あった。ケルンが。

Tのケルンが――。

まるまる一年の風雪にもめげず、立派に残って……。

ぼくは安全な場所にしっかりと立つと、十分に確保をたしかめ、元気に後続者に声をかけた。

やがて彼も登りついた。

ぼくは後続者に対し、何より先にTのケルンを教えようとして振りかえった。

「おお！」

そこにはケルンはあとかたもなく消えうせていた。

そのあったと思う場所には、白い空間が白々とあるだけだった。

木曾御岳の人魂たち

西丸震哉

木曾節でだれでも知っている木曾御岳《おんたけ》（三〇六三メートル）は御岳教で大繁盛を呈する山だ。

ここの行者から賽《さい》ノ磧《かわら》に人魂《ひとだま》がたくさん出るということを聞いたので、ツェルトザックを担いで見物に行った。古ワラジがたくさんころがっている黒沢口の登山道は白衣の行者どもが列をなし、「六根清浄《ろっこんしょうじょう》、お山は繁盛、サアンゲサアンゲ」というかけ声でイキのいいアンチャンたちもずいぶん登る。エゲツない耳のせいか、このかけ声を聞いていたら、Lock On 少女、オヤ、マア、半嬢、産気、産気なんて考えてしまって思わず失笑してしまった。こんな人間が霊山へはいるんだから天気がくずれてもおかしくないのだが、このところすっかりお天気屋になって、山に行くと必ず、すばらしい天候となるからおもしろい。

山の神様はたいがい女神らしいから、女の子さえ連れて行かなければ、滅多なことには嫉妬なんかしないようで、一人歩きの男にはニコニコしてくれるものらしい。

ちょっと話がそれるが、女神で思い出した。

人に八ヶ岳という名の起源を聞かれたときに、次のような説明をしたことがある。

「八ヶ岳と富士とが高さ比べをしたら、八ヶ岳が勝ったので富士の女神がおこって蹴っ飛ばしたからピークが八つになったとか、八の字はたくさんという意味があり、8を横にすれば無限大になるから、ピークがたくさんあることを意味するとかいうのは、まだほんとうの核心にふれた説明じゃない。

今は富士の浅間《せんげん》神社にいる『コノハナサクヤヒメ』というのは、以前は八ヶ岳の主《ぬし》で、富士のほうは彼女の姉さんの『イワナガヒメ』という人だった。妹はすごい美人で、姉はイワナみたいなすごいシコメだったというが、そんなことはともかく、どっちが高いかということで姉妹《きょうだい》ゲンカをした。頭のいい男の神様（ヤオヨロズの中の一人だろう）がなかにはいって、それじゃあ調べてあげようと言って、峰から峰へ『トイ』を渡し、真ん中で水をザーッとついだというわけだ。そしたら水は富士のほうへドーッと流れて行ったので、男神は八ヶ岳のほうを指して『奴が高ケエ！』と怒鳴った。これが八ヶ岳の名の起こりで、怒り狂った『イワナガヒメ』がそこで蹴っ飛ばしたということになるんだ」

ただしこの話の真偽のほどは、なにせ神代のことなもんで、あまりにも古すぎて責任はおいかねる。

さて、剣の林立するガサガサした頂上はさっさときり上げ、二ノ池をすぎてしまえば人影もめっきり減り、山の静けさがどうやら味わえるようになる。ここから三ノ池へ行く途中の一面ゴロゴロの岩の原、ところきらわず積み石がにょきにょき立っている広い山上の荒れはてた台地、これが賽ノ磧だ。もちろん水などは求むべくもない場所で、一夜を明かすならば三ノ池のほとりへでも行けばよほど楽しいはずだが、目的があるからぜいたくはいえない。

積み石の間の平らを捜して泊まり場とし、じっくり腰を落ち着ける。行者たちはこの積み石の群れを人魂様が建てたんだと真顔で言っているが、笑止のいたりで、彼らはこれだけたくさん石を積み上げるのは人間技ではないと言うけれど、われわれの経験から割り出せば一日八時間、十人がかりでやって一週間くらいでできるだろうと思う。行者の先輩たちがコツコツとやった仕事だろう。だいたい人間というものは、石コロがたくさんあると積み上げてみたくなり、道端にジャリが積んであれば登ってみたくなるものなのだ。水溜りがあればはいってみたくなり、風呂の中では石鹸《せっけん》箱を浮かせてみたくなる。これは子供のすることをみればすぐわかるが、大人がやらないのは体裁が悪いとか、人が見たら笑うとか邪念がはいるからだけで、内心はやってみたくてしようがないはずだ。よく風呂の中で子供をダシに使ってブクブク遊んでいる父親があるが、あれがほんとうの姿なのだ。「山があるから登るんだ」と言ったマロリーなんか、子供とちっとも変わりがないわけで、大変純でよろしい。

夕陽が落ちるころになると、このへんはもう人通りはまったくなくなり、風が相当強くなってきた。風の強い晩は人魂がよけいに出るといわれてるから、ますますよろしい。時間が腐るほどあるので三時間ばかり睡眠をとり、寒さで目をさますと十一時をまわっている。チョウ採り用の網を持ち出してテントからはい出ると、星は満天にギラギラまたたいて、ケルンのお化けのような積み石群が黒々と立ち並び、生き物みたいに見えて鬼気せまる感がある。

やがて人魂様がお出ましになって来た。考えていたよりもかなり貧相な人魂で、光はひじょうにうすく、大きさはコブシ大程度。ただし数は大変なもので、何百あるのか見当もつかない。強風は彼らにとってなんの関係もないらしく、風に向かうときも風下に進むときもまったく変わりがなく、石塔の林の間をメチャクチャに走りまわる。

子供のとき近所のジイさんが死ぬ前の晩に、そこの窓から出て行った人魂は直径二〇センチくらいもあり、少し黄色味を帯びたかなり明るいものだったが、あれとは全然ちがう種類のものと思われる。

近くへやって来たのをねらって捕虫網をサッと振ると一匹たしかにはいった、と思ったら網の底から平気で抜けて行ってしまった。

そこでテントの中から飯盒《はんごう》を出して来て、これで飛んで来るやつの正面から進路をはばんだ。驚いたことにやつは飯盒の底を平気で抜けて行った。まるで底が抜けているみたいに、一瞬もやつの邪魔をしなかったようだ。いささかヤケを起こして素手でたたきつけてみたら、手応えはまったくないが、奴は掌《てのひら》を抜けそこなって景気よくはね返って行った。手でつかもうとしても指の間が少しでもすいていれば、スーッと洩れてしまうのでまったく始末の悪いものだ。

捕まえることは無理とわかったので、あきらめてしばらく見物してからテントにもぐり込もうということにして立っていると、あわてんぼうの奴がぶつかって来るが、これもはね返ってしまう。どうやら生き物の中は素通りできないらしい。まあやたらに体の中を抜けて行かれたのでは気持ちが悪くてかなわないから、これでいいのだろう。

テントの中で寝ていると、テントを抜けた奴が顔の上をツーッと横切って反対側のテントの中へ吸い込まれて消える。感じからいうと、テントの布から泡のように湧いて出て来てポンと飛び出し、消えるときは布に溶けていくようなもので、これがひじょうにスピーディに行なわれるからとてもおもしろい。

人魂には自分の意志なんてないように見受けられる。追えば逃げる虫のほうがよほど高等動物だ。

生き物でできた容器、たとえば醬油の表面に出る白い膜のように酵母のたぐいを容器の内側にはりめぐらしたもので捕まえるようにすればよかった。そうしてお土産《みやげ》に持って帰って東京でフタを開けるとフーッと出て来る仕掛けにしたらさぞおもしろいだろう。いつか必ず捕まえて持って帰ってやろう。

これの正体がなんであるか？　動植物の腐敗したようなものはこの近辺にはないから、有機物ではないだろう。また以上のような観察から光学的、電気的のものではないらしい。同一時間に同一空間を物質とともに占めることが可能だとすれば物質のたぐいではないようだ。これも遺憾ながら正体は不明のままで終わってしまった。

その後ときどき雑誌社などが、木曾御岳の人魂を取材したいから案内してくれと言ってきたものだが、ひと様の都合にそうそうつき合ってなどいられないので、行きたければ場所を詳しく教えるから勝手に行きなさいと言うと、まずたいがいは計画をやめてしまって、そのだらしないことといったらない。

一九七一年になって、ＴＢＳのテレビ屋さんがどうしてもやりたいといって、山などろくに登ったこともないスタッフが大決心をしてでかけて行った。

今では田ノ原というところまで車ではいれるから、現場までは五時間もみれば楽に行けるようになっているが、不馴れな連中にはそれでも大変だったらしい。

夕方のうちにカメラをセットし、八時から十時すぎまで目を皿のようにして見張っていたが、何も出て来ないし、こわくて寒くてやりきれなくなって、夜中まで待ちきれずに小屋へもぐり込んでしまったという。

それでも人魂が出て来そうなムードだけはフィルムに収め、小屋番や案内者の話を録音してきてなんとか見られるものにまとめていたから、商売のほうは結構うまくやるものだと感心した。

現地の人たちの話は人魂を否定するものではなくて、何十個も見たという内容だったり、生《な》ま暖かい晩がいいとか、その人なりの見るための条件が聞けて、私の言ったことがウソでないことだけは認めてもらえることになった。ただそのとき、せっかくの機会なのになぜ真夜中まで待つ気にならなかったのかと強く不満の意を伝えたのだが、馴れない土地ではなかなか理想的な活動もできないだろうから、そこへ行っただけでもその実行力を買ってあげるべきところかもしれない。

谷底の絃歌

大泉黒石

上州と岩代の国境尾瀬沼からの帰りだった。片品川渓谷老神《おいがみ》温泉、白雲閣の湯槽《ゆぶね》に浸りながら、私の道連《みちづれ》は、山の怪奇について各自の経験を語合《かたりあ》うのだった。この道連というのは、東京から来た登山家で、私とは片品川渓谷で知合《しりあ》ったのである。こういったのは私、

「これも山の怪異というものでしょうか、国立公園候補地になっている尾瀬沼。」

「知っています。」

「あれから沼山峠を越えて東へ一里の山中に、矢櫃《やびつ》平といって、摺鉢《すりばち》の底みたような熊笹の原がある。ここは源義家に追われた安部惟任《これとう》一族が、はるばる奥州から利根へ逃げ込むときに、矢櫃、鎧櫃などを埋匿《うめかく》したというので、矢櫃平の名称があるんだそうですがね。不思議なことには、只今でもこの笹原に足踏入れると、方角の見当がつかなくなって、立往生する。御承知の通り、山の中で頼りになるものは地図でしょう。それがですよ。持っている地図の文字や線が消えてしま

って、いつの間にやら、白紙になっている。だから何方《どちら》へ行ったらいいか、サッパリわからず、迷いに迷いながら、やっとのことで笹原を脱出《ぬけで》て見ると、その白紙が、また、いつの間にやら元の地図になっているんだそうです。」

「ほう。本当ですか？」

「さあ。何《ど》うですかなあ。そういう話を知っていれば、尾瀬沼を訪ねついでに、行ってみるんでしたが、山を下ってから聞いたので、本当か嘘かわかりません。山の人達……樵夫《きこり》や炭焼などの説によると、これは正しく滅亡した安部一族の幽魂、ここに留まって、埋めし宝を護るためになす業《わざ》である、というている。怖れて近づかないそうです。」

「山の中らしい話ですな。」

「然《しか》しこういうことがあります。私の知っている山の温泉宿の二階座敷に、近ごろ女の幽霊が出たり、真夜中になると、床《ゆか》の下から嬰児《あかご》の泣声がきこえる、という噂が立ったんです。」

「なるほど。」

「噂は段々ひろがって、その土地の新聞にまで書立《かきた》てられるほど、有名になった。温泉場の人達の話によると、その温泉宿は、もと部落の者の墓地だったところへ建てたんだそうで、墓地の持主の娘が旅商人の胤《たね》を宿して、女の子を生んだ。父親が怒って嬰児を里子に出して終《しま》った。娘は気が違って淵に身を投げて死んだ。父親は家をたたんで他国へ行っちまった。その家と墓地を無代《ただ》同様に買ったのが、温泉宿の主人で、墓地のそばに温泉が湧いているもんだから、墓地を取払って宿屋を建てたんですな。」

「ははあ。幽霊の出る下地はありますね。」

「実際、何か出そうな陰気な家でしてね。建ててから二十年近くになるというから、家も傷《いた》むでしょうが天井を見れば雨の汚点《しみ》だらけ、廊下を歩けばミシリ、ミシリ軋《きし》むんです。以前そんな悲劇があったし家が家だし、幽霊が出たって不思議じゃないんだから、女の幽霊があらわれるの、嬰児の泣き声がするの、とそんな評判が立つと、世間には物好が多いから、こいつァ面白い、嬰児の泣声なんざ、聞えなくってもいいが、別嬪《べっぴん》の幽霊にはお目にかかりたいもんだ、というわけで、温泉の効果なんか何うでもいい連中が、どしどし押しかけて行く。」

「ほう。出ますか。幽霊？」

「へへッ。出るもんですか！」

「出なくっちゃ、お客が承知しますまい？」

「承知するもしないも、宿屋の方では、別嬪の幽霊がサービスを致しますから、御入浴にいらッしゃいなんて、言ったわけじゃなし、広告したわけではないから、幽霊が出ようと出まいと、知ったことじゃありませんよ。お客は大抵田舎の人達だから、幽霊が出なければ、日が悪いと思って翌朝帰る。気の長いのは泊込《とまりこ》んでいる。お蔭様で客のなかった宿が、満員の盛況です。逆宣伝も巧く当ると此《こ》の通り。幽霊が出るとか、嬰児が泣くとか、噂を立てさせて置いて、知らん顔をしている主人、頭がいいですね。」

「はははは。」

「矢櫃平もその手ではないかと思うです。矢の根などが出るそうだから、埋蔵物か何か掘っている奴が、登山家よけの禁厭《まじない》に、地図が白紙になるなんて、途方もないことをね。」

「なるほど。」

「自分で経験しないことには判らんけれども。」

「それはそうです。経験といえば、今度の旅行で私は実に奇怪な現象……というか何というか……あなたの言葉ではないが、これだけは自分の経験だから、実際なんです。四万《しま》温泉から三国街道へぬけるつもりで、入込《はいりこ》んだ雨見山の谷。道には迷うわ、日は暮れるわ、谷間を彷《さまよ》うていると、山の斜面に朽果《くちはて》てた山小屋があったから、野宿する気で入込んで、寝ちまいました。」

「ふむ。」

「夜中に目が醒めると、何うでしょう。宵会の座敷で芸者が、三味線ひいて唄い騒ぐような賑かな物音が、真暗《まっくら》い谷底から聞えて来るじゃありませんか！　この山奥に料理屋でもあるまいし、不思議に思って聞いているうちに、賑やかな音はパッタリ絶えてしまった。私もまたウトウト眠りました。翌朝やっとのことで、三国街道へ出ました。一軒の掛茶屋に寄りますと、夜半の一件を思出《おもいだ》したんで、茶屋の爺さんに話したところが、私が迷込《まよいこ》んだ雨見の谷は、三十六年前まで炭焼部落だったそうで、炭焼男を客に、越後三俣《みつまた》の美人が五人、谷底に小さい紅灯《こうとう》の巷《ちまた》をつくっていたが、大雪崩《なだれ》で家は潰れ、彼女達は惨死した。私が闇の底に聞いた三味線や唄声は、女達の亡霊がなす業だろうというのです。話を聞いてからゾッとしましたよ。はははは。」

山で見る幻影

下平廣惠

幻影――山では色々の怪奇な話が話される。伝説にも多彩な怪談めいたものが多い。だが、山を少し余計に歩いた人が、山の伝説以上に興味を惹かれるのは、幻影の話である。東北や越後で話題になる「ノッペラボウ」とか「雪女」の話などは随分凄い話であるが、之《これ》などは一つの幻影から作り出された話だと思う。山には此《こ》の幻影に関する話がとても多い。

山で見る幻影の根拠を考えて見ると、人によっては色々分類するであろうが、其《そ》の性格の上から、

A、身体の極度の疲労から来る幻覚

B、神秘な山岳に対する潜在意識による恐怖感から起る幻覚

C、原因不明な幻覚――例えば何か因縁話みたいな吾々人間の唯物的な物の考えでは割り切れない幻覚

三つに別けて見るのが普通の様である。特に最後の分類に依る幻覚や幻影は其の原因が明確でないために多くの場合其のまま一つの怪談として長く登山者の心を怪しく捕えるものである。実際理詰《りづめ》では到底理解出来ない様な出来事が山では数多く起きている。私は其の色々な幻影を基とする物語りを次に記して見ることとしたが、それがAに属しているものか或《あるい》はB、Cにあてはまる幻影であるかは読書子諸君の御判断に任せることとする。ただ此の話は何《いず》れも作り事ではなく、実際あったことであるから其の辺は承知の上で御読みを願い度《た》いのである。

其の一　松尾峠の怪

これは登山家の連中ならば誰でも知っている立山《たてやま》松尾峠の遭難事件に絡む物語りである。大正十二年一月十七日立山の富山口から程近い松尾峠で有名な山岳家槇有恒、三田幸夫、板倉勝宣の三氏は荒れ狂う「立山の悪魔」と云われる大吹雪に見舞われて遭難した。此の中《うち》板倉氏は遂に三人協力の死の苦闘も敢《あ》えなく立山温泉附近の雪中に恨みを呑んで帰らぬ人となってしまった。三人が三人共斯界《しかい》の権威者であったため此の遭難史は余りにも代表的な事件として今尚山男達の語り草になっている。此の遭難について板倉氏の親友三田氏は其の記録、「松尾坂の不思議な幻影を思い返して」の中に其の当時の苦闘の跡を記し、そして其の時見た幻影について委しく記してある。良心的な三田氏の筆はたしかに吾々に何かしら怪異なものを感じさせないではおかない。次に三田氏が其の時の状況を記した部分を抜いて見ることにする。

「頭の中は立山温泉へと云うことと救援をと云うことで一杯であった。——私は松尾坂の真下の闊葉樹林の斑《まだ》らにあるやや平になった処を夢のように歩いていた。ブナの林が幾つかぼんやり見える。遠くの西方の端を通って降りるのがほんとうだと思った。そして段々近づいて行った。其の時其の林の傍らには黒い人影があった。そして私の後の方を指さしている様だった。私は知らず知らずキック・ターンをして後に向っていた。他のブナの林に近づいて行った時再び同じ様な黒影が同じなことをした。二三度自分はこんな事をしていた。暫《しばら》く立止《たちどま》って孤立した木に寄りかかって考えた。自分の所信はどう考えても誤ったものではないと感じたので、再び勇気を起して最初の林に向って行った。

それでも不思議に一度も樹木に衝突しなかった。——

そのウトウトとした時分から私の幻覚は頻繁になって来たらしい。直《す》ぐ傍《そば》に家が一軒見えていた。其の前に男が一人立っている。女は家の直ぐ軒下で水桶を提げている。家の内には暖かそうに焚火が赤々と燃えている。そして湯はチンチンと沸いていた。(その時私は非常に渇《かわき》を覚えていた)そして其の男が前の年にも此の辺に凍死人があったと云った様に聞えた。又立山温泉から大分下った辺の雪の中に倒れている自分を福松等が介抱したりして居る処が見えた。

と、突然前方に高い煉瓦の家が見えた。私は静かに考えて見た。いくら心を落ち付けて見ても明瞭に見える。そして沢山の窓さえ見える。直ぐ近く迄《まで》滑って行って見たが矢張り見上げるように見える。止《や》むを得ないので他から廻って行こうとしたが、又其の方面を同様に遮られてしまうのであった。水の流れる音も時折り聞える。其の煉瓦の建物を通じ下から聞えて来る様であった。私は静かにそれに近づいて行った。そして木の枝を折って其の壁に投げつけて見た。枝は壁に当って返って来なかった。そして其の壁を通して音もなく闇の中に消え去った。私は五、六回同じことを繰返した。結果は皆同じに終った。

此の不思議な建物こそ私の運命の最後を決する物の様に感じた。遂に私は決心した。そしてスキーの先を揃えて其の建物に向って真直ぐに突進した。

スキーの先が、私の身体が其の建物に触れ様とした瞬間、私は非常な勢《いきおい》で急な断崖を落下している様に感じた。」

三田氏は此の断崖は後で湯川から松尾への登り口にある小さな断崖であったと附記してあるが、余りにハッキリした幻覚として常に問題になる一つの例である。

其の二　マッターホルンの怪

登山史上アルプスのマッターホルン初登攀の物語りは「最もドラマチックな出来事」として余りにも有名であるが、此の偉大な登山家ウィンパー一行の遭難に於ても不思議な幻影は現われた。ウィンパーの登山記の中には、もともとスケッチ画家として知られているだけに其の精密なペン画でマッターホルンの怪奇を描いてある。

ウィンパーの書いたものを見ると次の様に此の幻想を記している。

「――先登のクロッツはハドウ氏の面倒を何呉《なにくれ》れとなく見乍《なが》ら、今度は自分が一歩か二歩を下るため下方に向って身体をクルリと廻した。其の瞬間大変な事が起っていた。ハドウ氏は滑ってクロッツの上に倒れてクロッツを転ばしてしまったのだ。同時に私はクロッツの恐怖に充ちた鋭い叫喚を聞いた。そしてクロッツとハドウ氏は飛ぶ様に下へ落ちて行くのを見た。其の次の瞬間ハドソンも其の足場の上から曳《ひ》き下され続いてダグラスも曳きずり下されて行った。凡て此の事は真に一瞬の出来事であった。老ピーターと私は岩の様にしっかりと頑張った。ロープは此の二人の間で緊《きつ》く張り切った。そしてぐんと云う手応えを二人は確保した。然《しか》しロープはタウガルダーとダグラスの中間でプツリと断たれた。二三秒の後私達は私達の不幸な同行者達が背を下にして両手を拡げて何とかして助かろうと努力しながら下へ転り落ちて行くのを見ていた。」

そして四〇〇〇呎《フィート》の高さは充分ある直下のマッターホルン・グレチャー迄断崖から断崖を縫って落下して行った。残されたウィンパーとタウガルダー父子は恐怖にかられ乍ら叫んだ。然し其の答のあろう筈《はず》も無かった。

其の時であった。

空高く巨大な半円が現われて又其の中に二箇の十字架が明確に一同の眼に映じたのであった。ウィンパーでさえ其の不可思議な現象が此の思いがけぬ災害と何かの関係がありはしないかと思ったのであった。

ウィンパーは此の事について後日「マッターホルンは頑固な敵であったが、破られた。だが征服はされたが撃破はされなかった。それは恐るべき復讐を彼はしてのけたのであるから。」と云っている。ウィンパーの著書には一行がロープから断たれてマッターホルン氷河へ落下する絵と、間もなく見たと云う十字架の幻影の絵を克明に描いて此の歴史的な、そして劇的な登山史をして一層劇的に物語り風に生彩を加えているのである。

其の三　梓川の怪

之は昭和二年正月の話である。

穂高の涸沢《からさわ》では早大山岳部の猛者《もさ》連中は暮から上高地へ入り込み近年にない雪量と雪質に勇み立って梓川に沿い徳沢を経て涸沢のスキー場へ繰り込み、スキーの練習に余念が無かった。冬此の奥迄入ってスキーをやるのは大学の山岳部連中以外には全くないと云ってもよい。冬の奥穂の一番槍も各山岳部の覗《うかが》う処であった。

早大山岳部のリーダー格の石田三郎君は色々の事情で一行に遅れて同僚と共に涸沢の部員を逐《お》って奈川渡迄しか冬は行かぬバスを捨て、氷雪にとざされた上高地への途《みち》を重いリュックを背負いスキーで急いでいた。凡《およ》そ二時間も歩いた後白骨から流れて来る湯川を過ぎた頃、後からバタバタと云う跫音《あしおと》が聞えるので振向いて見ると十七八才位の少年が息をはずまして逐いかけて来るのを見た。雪が深いのに此の少年は古ぼけた絣《かすり》の着物を着て荷物も持たず藁靴《わらぐつ》を穿《は》いて三尺近くもある正月の新雪を物ともせずやって来る。土地の子供らしい。

石田君達はスキーを穿いているので速力は相当早いつもりである。然しスキーをつけないで膝迄足を没し乍らついて来る此の少年は決して石田君達には負けない速力である。そして石田君達が立止ると、此の少年も立止ってじっと此方を見つめている。田舎の子供にしては蒼白い顔である。眼が何処《どこ》か虚《うつ》ろな感じである。

「何処へ行くんだあい――」

と、声をかけると少年は返事もしないで蒼白い顔をニヤリと綻《ほころ》ばせるきりだ。一行は何かゾッとするものを背筋に感じた。気味悪くなったので其の儘《まま》逃げる様に先を急いだ。それでも気になるので一二町歩いて後を振り返ると少年は相《あい》変らず同じ間隔で蹤《つ》いて来るではないか。一行が立ち止ると少年も立ち止る。そしてじっと此方を見つめている。ニヤリと笑う。流石《さすが》の猛者連中も身体中冷水を浴せられた様な悪寒を感じないではいられなかった。二三町行って振り返ると少年は矢張り同じ間隔でぴったり随《つ》いて来る。やがて中ノ湯迄来る。だが此の怪少年はぴったり一行の後を追って離れない。もう堪《たま》らなくなって石田君達はスキーを脱いで走り出した。間もなく例のガマ・トンネルの入口だ。懐中電灯をつけて夢中でトンネルの中へ走り込んだ。一二町走り抜けて長いトンネルの曲り角で一行は怖る怖る後を振り向いて見た。

半円に区切られたトンネルの入口の光線の中にシルエットの様に少年は立ち止っているではないか。一体ならばトンネルの中から外を見るのだから此のシルエットは逆光線になるため其の姿は黒い影法師の様にしか見えない筈なのに、之は又どうしたことであろう。立止った少年の顔ははっきり見え、其の着物の絣の目までくっきりと浮き上っている。一行は思わず立ちすくんでしまった。

　すると少年は淋し相《そう》にニヤリと笑ったかと思うとクルリと後を向いて消える様に雪の道を中ノ湯の方へ立ち去って行った。

　不思議な事に其の少年の足跡が雪の上に少しも残っていない様に見えた。

三人は生きた心持もしなかった。剛腹で知られている石田君すら蒼い顔色をしてだまっていた。

三人は奇怪な出来事に心が乱れ勝ちであったがそれでも元気でトンネルを潜り抜け発電所の傍を通り大正池の畔《ほと》りに出た。雪は深くなったが、もう振返っても不思議な少年の姿は見えなかった。

　上高地へ出て見ると土地の人達がスキーやら和カンジキやらの姿で十数名あちこちをあわただしく騒ぎ廻っているので一行は此の正月人一人もいない筈の此の山奥に之は又何であろうかと、一人の男を摑《つかま》えて聞くと、

「一昨日《おととい》奈川渡の若い衆が上高地で自殺をするんだとの遺書を置いて山へ入ったんですが、どうも足跡も吹雪で消えてしまっているんでね、まだみつからねえだよ。」

　と教えて呉《く》れる。ギクリとした石田君は気忙《きぜわ》しく其の少年の服装を聞いた。処《ところ》が湯川からつい

て来た少年と寸分違わない服装だし人相も亦《また》全く相似しているのである。捜索隊の中には石田君と顔見知りの島々の案内人も居たので、忽ち一同は石田君の一行を囲んで此の奇怪な少年の事を話し合った。

「じゃ彼奴はまだ生きて居るんだよ。」

と捜索隊は色めき立った。ガマ・トンネルの怪しい姿については流石に石田君も口を噤《つぐ》んで喋らなかった。

捜索隊は中ノ湯以下を捜索範囲に限定し、新たに加わった石田君一行も一緒になり少年の行衛《ゆくえ》を探すことになり一行は降った。だが其の日は遂に見当らず空しく暮れた。

次の日少年は最初石田君達を尾《つ》け初めた湯川附近から少し奥に入った小さい断崖の下に、石田君達が見た儘の姿で眠る様に凍死していた。後頭部を強打して内出血したのが致命傷だったらしい。検屍の結果少年は家出をした日一人で此の途を通り上高地へ行く途中日没となり死場所ときめた上高地を見ないで、迷いつつ寒い夜道を彷徨した揚句《あげく》此の断崖から墜死したものと判断された。

問題になるのは石田君達の見た其の少年は其の時生きていたのか、死んでいたのかであるが、検屍の結果に依れば、既に死後三日後に其の少年が一行の跡を逐ったことになる。つまり其の少年の亡霊だと云うことも出来るし、之と全く似た他の少年が石田君達を追いかけたのじゃないかと無理にこじつければこじつけられる。

だがそれは確かに石田君達の見た少年とは寸分違わなかったのだと石田君達は云っている。

屍体をとりまいて一同は今更慄然《りつぜん》とした。亡霊が石田君達に其の死場所を教えたのだろうと一同は信じた。今でも此の話は「霊魂の伝令」として上高地の語り草になっている。

が、更に此の幻影を気味悪くさせることがある。

石田君は涸沢でスキーを練習して東京にかえると其の儘得体の知れぬ熱病で寝込んでしまった。春がめぐっても石田君の病は恢復しなかった。其の夏の初め山岳部員の手厚い看護も甲斐なく若くて強かった山のエキスパート石田三郎君は、其の短い生涯を終ったのであった。

山で語られる幻影の話の中最も代表的な怪話的な要素を有《も》つ物語りである。

其の四　火の幻影

M君一行五名は菅平に一泊して次の日は吹雪を冒《おか》して渋沢に出てそれから田代池のほとりを過ぎて長野原に廻り電車で其の日に草津温泉に宿をとった。

昭和九年元旦の事である。

日進館に一泊した一行は翌日スキーで芳ヶ平に出て一気に熊の湯迄抜け様と云う相当此の吹雪には無理な行路《コース》である。それでもスキーには皆自信のある連中である。芳ヶ平へは午前中に着いたので此処《ここ》の小屋で腹をこしらえて早目の昼飯をすまし、吹きつのる吹雪をついて横手山に向った。零下五六度以下に気温は下っていた。深い針葉樹林の中には流石に今日はスキーヤーのシュプールも少なかった。誰も此処を此の吹雪の中で越そうとする猛者はいないのであろう。一行は時々吹雪に阻まれたり、深雪にスキーが動かなくなったりして、気の弱いH君は此処から引き返そうなどと弱音を吐きはじめた。リーダーのM君は一同を元気付け乍ら一心にラッセルを努めて一歩一歩登行する。シールの裏に重たい雪が食いついて登行は一歩を上る毎に困難となった。此の針葉樹林が一寸《ちょっと》杜切《とぎ》れて眺望が利くあたりは広い平を形作っている。一行は漸《ようや》く其処《そこ》迄辿《たど》りついた。俗に土地の人々は此処を「欺《だま》し平」と呼んでいる。天気のよい日でも此の平に来ると何だか勝手の解らない感じで途を失い相になる地点である。今迄林の中を一本途で続けられているコースではあるが此処へ出ると急に大きなブナの木やモミ、ツガの木が疎林になって、無闇にただ広い原野になっているのである。そして何処へ行っても同じ様な地形が広がっている。途は此処で全く正常なルートから離れ渋峠へ出るには思い切って左へ切らないといけない。処が自然に足を向《むけ》ると十人が十人右の方へ途を切ってしまうのである。そうすると大変なことになって後は底知れぬ密林の中へ紛れ込んで二度と里へは出られない事になってしまうのだ。峠の方から下って来るとスピードが早いので逆に右へ廻り込むべきを、勢に任せて左に廻り込んでしまうと、例の密林へ迷い込むのである。俗に云う「欺し平」の名称が此処から生れたのであって志賀高原での難所と云われている魔の平である。

M君達は此の辺の様子は夏冬を通じよく知っているので充分に警戒していた。其処で一息入れることにして巨大なブナの木の下に風をよけて腰を降した。寒気が迫るので、携帯の熱い紅茶にウヰイスキーを落して元気を取り戻した。轟々と唸りを上げて吹き卸《おろ》す吹雪は天地を覆す感じである。時計を見ると午後二時をきっかり指していた。

「熊の湯迄今日の荒れ方では一寸無理かな。」

とM君は考えていた。

一行の一人が突然立ち上って、

「誰れか上から降って来たぜ。」

と云う。上の方を透《すか》して見ると余りスキーは上手とは思われない二人の男が大きなリュック・サックを背負って、股制動をかけ乍らこけつ転《まろ》びつ吹雪の中から現われて来た。

「無茶な連中だね。」

と誰れかが云う。

二人は一行の前迄来ると云い合した様に大きくもんどり打って倒れた。暫らくすると二人共雪の中から真白になって這い出して来た。

「何処へ行かれるんですか。」

とM君が聞くと余程疲れているらしい二人は、

「芳ヶ平迄降りるんです。熊の湯を今朝出たんですが。」

とそれでも元気よく答える。見ると二十四五歳の青年である。

「もう僅かですよ。此方の方から行くといいですよ。」

とM君は親切に右手の途へ出る様に指した。すると一人の方が、

「僕達は此のコースはよく知っているんですが、此方へ出ないと芳ヶ平へは出られませんよ。」

と自信あり気に云う。

「駄目ですよ。此処は有名な欺し平ですぜ。そっちへ云ったら飛んでもないことになりますよ。」とあわてて注意したが二人は頑固に一行の忠言に反対する。M君は此奴は大変な連中だなと考えて暫らく黙っているともう二人は左手の魔の密林の方へ滑り出して行く。

「大変ですよ、そっちへ行っちゃ駄目だ！」

と一同が叫んでいる中にもう二人の姿は見えなくなってしまった。

M君達は大変なことになったと思い乍らどうすることも出来ない。大声でもう一度呼んで見たが吹雪の咆哮にかき消されて声は届き相もない。一同は急にざわめいた。此の儘にしておけば二人共あの世へおさらばと云うことになる。さればとて今更どうにもならない。後を逐えば吾々だとても命が危い。

一行五名は鳩首して話し合った末、兎《と》に角《かく》今日は峠越えをやめて一行が果して芳ヶ平へ着いているかどうかを見届けるために芳ヶ平へ戻る事にした。兎角している中に三十分を経過してしまう。一行のシュプールは吹雪で直ぐ掻き消されてしまう。一行は三十分の後には芳ヶ平の小屋に着いていた。

だがもう疾《とっく》くに到着していてよい二人の青年を見ることが出来なかった。夜になっても二人の姿は見えなかった。

次の日から捜索隊が出たことは勿論であった。だが二人の姿は一月中には発見されなかった。大阪の某会社の社員であることが熊の湯の宿帳で判明しただけであった。

×　×　×

夫《そ》れから一月も過ぎて二月の初め此の二人の青年の屍体は「欺し平」から十粁《キロ》も離れた草津峠よりの密林中にあることが、土地の猟師の手によって発見された。

処が此の二人の屍骸の状態が極めて不可解なものであった。検屍に上った長野県警察署員と医師も此の変った死に方に幾度か首をひねった。然し之に対して充分な理論のある解決を残念乍ら見出すことは出来なかった。ただ之は他殺ではなく全く凍死であると云う結論だけは容易に出す事が出来た。事務的に当局としてはそれだけがはっきりすればそれ以上の探索は必要がないのであるから、検屍の結果は、

「草津温泉へ向う途中吹雪の為《た》め芳ヶ平上方二粁附近で途を迷い、空腹と酷寒の極《きわみ》、両名共死亡せるものと確認せらる。」

と云った調子で此の屍体は親元へ夫々《それぞれ》引き渡された。

では其の不可解な死に方とはどんな風な死に方であったと云うのか――

其の死体のあった場所は草津峠を降った密林も漸く尽き様とし其処から約二百米《メートル》南へ下れば其処には浄々として流れる小川が群馬県側に横たわっているのである。青年の一人は他の青年と約二百米を離れた欅の巨木の下に眠る様に腑向《うつむ》いて息を引きとっていた。他の一人は熊笹が僅かに雪上に露われている中に之も生きている様な赤味をおびた肌をして仰向けに斃《たお》れていた。不思議なことに此の二人は何れもスキーを捨て去りスキー靴を脱ぎすて、猿又一つで真裸体《まっぱだか》で死んで

いたのである。殊に先の青年はどうしたのであろうか、枕の傍の大きな欅の木の二間《けん》余の高さの枝にスキー服やウインド・ヤッケをきちんと懸け吊してあるのである。他の一人は斃れた位置から五十米位離れた処にリュックサックの中に丁寧に着物をたたんで蔵い込んであったのである。之は凡そ吾々一般の場合には想像のつかないことである。何故かと云って、殆《ほとん》ど冷下十何度の吹雪の中で身体は冷えに冷えているためにスキーを焚いても暖をとりたい処であるのに此の二人は、真裸体になっているのである。

迷いに迷い抜いてそれでも生き永らえ、晴れ渡った日、二人は日光浴をしている中に疲労しきって眠る様に死んで行ったのではないかと云う想像もあったが、此の想定は二人のリュックサックの検査によって完全にくつがえされた。と云うのは此の中には熊の湯で作って貰った握飯がまだ食べ残された儘一個宛《ずつ》手もつけられずに入っていたのであった。つまり二人はM君達一行と別れた晩か次の日にはもう自然の猛威の前に屈したことを証明しているわけである。

雪の中で途を迷い精神が錯乱して来ると、通常の世界では考えられない不思議な幻覚が現われることが多いと云われる。他にもある例でもあるが、此の二人は其の夜「欺し平」から迷い込み、吹雪は募るし、闇は迫るし全く絶望な姿で悪魔の闇の中に吸い込まれて行ったものらしい。やがて次の朝も訪れたがもう二人は正しい判断と正しい官覚から見はなされていた。一人が「暑い」と云い出した。そして上衣を滅茶滅茶《めちゃめちゃ》に脱ぎ出した。友もそれを見ている中に身体中が暑くなり出した。其処には暖いストーヴか、炉がはっきりと浮《う》かび上り炎々と燃えさかる焔を見たのである。二人は暑い暑いと云い合い乍ら着ているものを片端から脱ぎ捨て靴も靴下も穿きすてた。一人の青年は其の脱ぎ捨てた服を乾かすつもりで木の枝に登って下で燃えているつもりの火の上に拡げたのである。

正に断末魔に近づく若い二人の青年が寒さも飢えも超越して爛々として輝く異様な眼ざしをして、丁度舞台にいる俳優が科《しぐさ》をする様に「実在しない焚火」の上に裸体となって手をかざしている姿は、若《も》し他から見ていたとしたら之は実に奇怪な図絵でなくてはならない。

此の奇妙な情景を想像するだけでも慄然とするものがある。

二人はこうして幾時間かを死と直面し、死の女神が其の妖しい翼で静かに二人の生命を包み隠そうとしているのも知らず、夢の様に此の焚火の豪華な饗宴を歓び感謝しながら打興じていたのである。だが此の青年達の弱った心臓に死の魔翼は規則正しく一分の容赦もなく食い込み押しかぶさって行ったのであろう。

二人は美しい暖い「火」の幻影を抱き乍ら冷《つめた》い零下十度の「氷」の中に凍《い》てついて行ったのである。

× × ×

M君は医師であったので、此の二人の死に方を聞いた時其の不思議な死に方を幻影によるものであると此の様に説明してくれた。

其の五　雪女

越後高田市の金谷山での話。

其の人はもう十年ばかり前に亡くなってしまったが、日本のスキー発祥地に育ちオーストリアのフォン・レルヒ少佐から日本最初のスキーを手ほどきされたと云う斯道《しどう》の先輩であった。

昭和二年の正月頃かと思う。

彼は高田市で集合があったので、出席しての帰るさ、雪はもう五尺以上もあった。家は金谷山の麓の金谷村である。街からは一寸《ちょっと》一里はあろうか。鉄道線路を踏切って広い雪に埋もれて人家のない野原の一本路を歩かなければならない。病気をしているので其の晩は勿論酒は飲まなかった。

もう晩もおそく十時を廻っていた。

今宵は又実によく晴れて風一つもない此の雪国の正月には珍らしい静かな晩である。星ばかりが冷たく瞬き、月は年がまだ若すぎて暗い。雪が白いので僅かに途は明るい。子供の時から慣れた途だしそれに人間が生れつき豪放に出来ている彼のことだから、何時《いつ》もの通り雪下駄を突《つっ》かけマントの襟を高くたてて踏切を通り過ぎ運動場の北を一直線に貫いている雪の夜路《よみち》を南へ進んでいた。踏みつけた途を一寸横へ外れると腰まではまり込むのだが、其処は生れるときから雪の中で育ったものの本能で苦もなく暗い雪路を提灯《ちょうちん》もなく歩き続けた。

ふと目の前がぼうっと心持ち明るくなった。村へ入ったにしては早過ぎるなと考えて足許から目を上げて前を見た。

其処に若い一人の女が立っている！　目と鼻の間に立っている。

気の強い彼もぎょっとした。次の瞬間、たかが女じゃないかと自嘲して立ちはだかる様に前に立つ女を見た。

女は若い女で、非常に美しい。白い着物を着ている。冬だと云うのに羽織もない白無垢の着物一枚である。前かがみに両手を白い帯の下に合せている姿はしとやかである。ふと見ると其の島田に結った髪まで真白であるように見えるのだ。手も顔も透き通る様に美しい。芝居で見る鷺娘の姿を思わせる。

女の後には村の共同墓地の数知れぬ墓石の頭だけが雪の中にころがっている。

女はだまって彼を瞠《みつ》めている。

彼の心臓は止り相になった。足が硬直して動かないし、声をかけ様としたが声も出なかった。

すると女はクルリと後を向いた。音もなく滑るように前へ進む。何だか身体が透いて見える感じである。

索《ひ》きつけられる様に彼は其後から歩き出した。女も歩いている。咽喉が乾いて、舌がからみつき胸はひどく高鳴る。だがじっと心を落付けて後について行く。墓地を外れても、村に入っても女は前を歩いて行く。

やがて女は彼の大きな旧家の前迄来ると、生垣の方から裏の方へ廻って消える様になってしまった。

彼はころび込む様に戸を叩いて家に入った。

「裏口の方から誰か呼ばなかったか。」

と妻に聞いたが、聞かないと云う。

彼は何かの本で雪女に出逢ったものは必ず死んでしまうと云う話を読んだことを思い出して身体中が冷たくなった。

其の後他の村人二三人も運動場の原で雪女に出会ったと云うことであった。忽ち村中の評判になったが、彼は自分の体験は誰にも話さずだまっていた。

「どうもあれだけは不思議で仕方がない。雪女と云うのは単なる幻覚の仕業だろうか。僕はそうは思わない。実在を信じているよ。」

と彼が私に話した頃身体は日毎に衰えて行く様だった。

彼から此の話を聞いて三年目、彼は静かに此の世から別れたとの黒枠の通知状を貰った。

病にとりつかれた彼の幻覚が雪女を創ったのだと片づけてしまえるものだろうか。

怪談「八ガ岳」

片山英一

神戸山岳会のその年の正月の合宿登山は、信州八ガ岳に展開されて居た。昭和十六年であったと思う。行者小屋附近で一緒に雪中に泊り合った、明峰山岳会の若い元気な連中と、楽しく語り合った。その人々の中《うち》何人かがその春、谷川岳に雪崩《なだれ》のため雪洞に就眠中敢《あ》えなく若い生涯を閉じられた、あの痛々しい遭難事故が恨み深く生々しく想い起される。

その年の私達の計画は少し変則なもので、十六名に達して居た参加者全員が、荷上げとアドバンスキャンプ建設、糧秣《りょうまつ》補給等を兼ねつつ一通り八ガ岳全部を歩こうと言った欲の深いもので、このような試みも利用する場所によって面白いものでもあった。即ち、赤岳鉱泉をベースとして、行者小屋附近、阿弥陀《あみだ》と中岳のコル・赤岳石室の三ヵ所に固定されたテントを利用しながら次々に各パーティが移動する計画で、各パーティは鉱泉から赤岳―中岳―アミダ岳―権現岳―横岳―硫黄岳―大同心―小同心等を入れ替り立ち替り、グルグルと一通り縦走して、予定された日に予定通りのコースを荒天を冒《おか》しても縦走し、撤収日に至ってその現泊地の天幕を撤収するという仕組になって居た。

従って各パーティは好天に恵まれつつヤッホーを交し各コースへ別れた切り、赤岳鉱泉へ撤収合流するまで、ツァッケの踏み跡や、ステップの跡、又各テントに残された日誌等に、他パーティの奮闘を偲ぶのみで、山の中での交歓の機会には恵まれぬ訳であった。

予定されて居た日に、各パーティが各々の前夜の泊り場から次々と鉱泉の小屋に引き上げて来て、下山を明朝に控えての解散コンパの夜は雪焼けした元気な額を赤々と燃える榾火《ほたび》の炉辺に集めて自慢話に花が咲いて居た。

鉱泉の浴場へ、私はAに誘われるままに、二人で中座して廊下を渡って降って行った。浴室には今にも消え入りそうな石油ランプが、かすかにまたたいて居て、こちらの脱衣室は足もとも定かでない。厳しい寒気に追い立てられるように、厚着した衣服を慌しく脱ぎすて湯の中に寝転んだ。二人が仰臥《ぎょうが》してやっと腹が湯に浸る程度少量のそれも至極ぬるま湯で、つかったが最後寒くて容易に上れない。窓ガラスがみんな割れ、湯ぶねのふちも厚氷で、僅かなランプの光りがにぶく輝いて居る。どうした事か、風も吹き込まないのにフッと灯が消えて鼻をつままれても分らぬ位真暗になった。

これをチャンスに湯から飛び出ようとしたが、Aのタオルが見つからないので私のタオルを貸してAに先に上って貰った。湯槽《ゆぶね》の中で仰むきになったままふと見上げると、頭を手拭で姉様かむりに、絣《かすり》の上着に黒無地のモンペをはいた女が消えたランプのあたりに立って居る。私はラン

プに火を入れに来たものとばかり思い込んで、

「すみません。油が切れたらしい」と声をかけた。女はややうつむいてじっと立ったまま一向動かない。重ねて、

「おばさん、おばさん、ランプはその窓の処ですよ」と至極のんびり、灯を入れて呉《く》れるように頼んだ。

「おい!! しっかりしろよ。誰も居ないじゃないか」ギョッとしたようなAの上ずった声が、あちらの脱衣室の方からどなって来る。そう言えば誰も入って来た気配もない、然《しか》したしかに、そこに女が、眼の前に立って居る。小さな絣の柄《がら》が暗闇の中にほんのり浮いて居る。私は不思議にちっとも怖くなく、ゆっくり湯から上って、ランプのある窓に近づいた。たしかに誰か立って居る。あたりは文字通り真暗やみで、Aが大急ぎで着物を着て居る慌しい気配が聞えるだけで何も見えないのに、その女の輪郭だけがぼうっと浮《うか》んで居るのは何故だろう。私は一足踏み出して、女の肩を叩こうとした途端、姿勢が崩れて床板の厚氷に両足をとられ、ドスンという大きな音と共に尻もちをついた。大慌てに慌てたAのすったマッチの光に照らし出された浴室の中には、呆れたAの顔と、素裸の私の他は誰も居ない。

急に怖くなった二人はシャツや服を一まとめにかかえたまま、廊下を駆けて素ッ裸で囲炉裡《いろり》へとんで帰ると、話を聞いた一同はドッと笑いこけた。その時それまで内緒にして置こうと約束してあったのか、何も言わなかったBがふと真顔になって、しきりにSの顔をのぞき込みながら「あの話、みんなに聞かそうか。こうなったら、本当に怪談八ガ岳だ」Sはニヤニヤ笑いながら

頷いた。

「僕等が赤岳の石室へ泊った晩だよ」と何時《いつ》になく真剣な顔つきで話し出すBの気配に一同は声をのんで聴き入った。

赤岳のテントは大体石室附近で張る積りだったが、風が強く積雪は吹き飛ばされて適当なキャンプサイドが見つからぬままに、石室に叩き込んだ雪をかけ出して、小屋の床板の上にテントを張った。日没になるとさすがに寒く、寒暖計も室内で零下十七度を指して居た。その夜はBとSの二人だけであった。不自由な炊事もそこそこに八時過ぎにはシュラーフにもぐり込んだが、寒くて容易に寝つかれそうにもない。みの虫のように頭までスッポリともぐり込み、内側から口を閉めてしまっては冗談も交せず、いつしかうとうととまどろんで居たらしい。小屋の一番奥（東側）にS、その手前に並んでB、二人共南を枕に横になって居た。何時頃であったろうか。ふと、何かしら異様な気配に、Bは浅い夢を破られた。誰かが、何かブツブツ一人ごちながらゴソゴソ動いて居る。然しこの寒さにやっと温《ぬく》まったシュラーフから首を出すのもおっくうなので、Bはしばらく息を凝らして気配をうかがって居た。

じっと耳を澄ますと、しんしんと更けて吸い込まれそうな静寂の中でゴソゴソと、しきりにうごめきつつ、何だか聞きとれぬ言葉をブツブツ唱えて居るのはS以外にはない筈《はず》だ。慌てたBはシュラーフの口を解くのももどかしくマッチをすって枕許のローソクをともした。どうした事だ。Sは猿又一つのほとんど素ッ裸、この寒さに唇の色もあせて、蒼ざめた頬に血の気もなく、ブルブルふるえながら見開いた瞳はどんより曇ってあらぬ方を眺め、しきりと相《あい》かわらず何かつぶやきながら端然とシュラーフの上に坐ってこの世の人とも思えない。Bは水を浴せられたようにゾッと鬼気を覚えた。しばらくSの両肩に手をかけ夢中でゆすぶって居ると正気に返ったSは急に「寒い。寒い」と大急ぎでシャツを着はじめた。時計は一時を少し廻って居た。熱い紅茶に一息ついて暖をとり戻した二人は顔を見合して、初めて大笑いした。Sは誠に変てこな夢を見たらしい。しきりと息苦しく気がつくと誰か見知らぬ男が馬乗りになってぐんぐん首をしめつける。色の白い、眼鏡をかけた、二十二、三の若い男である。はねのけようともがくが、シュラーフにもぐった身体は身動きも出来ず馬鹿に強い力の男である。

その男は恨めしそうに言った。「私は凍え死にそうに寒いのに、君はそんな羽根ぶとんに入って、随分暖かそうだな。僕が今にも死にそうなのに、その毛皮の胴着だけでも貸して呉れても良いだろう」「よし! 貸してやろう」Sはシュラーフから抜け出て、胴着を脱いだ。然し死にそうに寒いその男は毛皮の胴着だけで辛棒せずズボン、上着、ワイシャツ、ズボン下と次々と執拗にせがみ、とうとうSは素ッ裸にされてしまったらしい。

赤岳石室の一夜の奇妙なBの話を固唾《かたず》を呑んで聞き入って居た一同に更にSが語を継いだ。

「それが不思議なんだよ。色の白い、眼鏡をかけた二十二、三の男と言う人相だけじゃなしに着て居た服装まではっきりして居るんだ。霜降りのホームスパンの上着に共生地の鳥打帽、茶色のニッカーズボンをはいてね」

みんなと一緒に炉辺を囲み黙々と榾を折って火を守って居た小屋番の高橋君が、突然、も一度その人相と服装を問い返し、Sが小屋の中で寝た位置をこまごまと尋ね、フームと息を入れた後、

「実は昨年（昭和十五年）四月に東京から一人でやって来たお客様がありました。赤岳へたったあと急に天候が崩れて吹雪になったが、無事にそのまま向うへ降ったと思って安心して居た処、その後六月に登山者が、赤岳の石室で凍死して居る死体を発見し、急報を受けて登って見ますと、その四月に登られた色の白い若い人でした。今日あなたの話を伺って居ると丁度あなたの寝《やす》まれたその場所で、筵《むしろ》をかぶって凍え死んで居ました。ホームスパンと言うのか、生地の名前は知りませんが、霜降りの上着の茶色のズボンで鳥打帽をかむって居ました。おっかさんが迎えに来られて随分泣かれましてね。この上でお骨《こつ》にしましたが、恐しい因縁ですな」と火を見つめたままぽつんと独り言のようにつぶやいた。

私達一同慄然《りつぜん》として声なく、背筋に冷たいものが走るのを覚えた。そして私はこの時以来霊魂というものを、無情と否定することが出来なくなった。

幻の山行

西野喜与衛

うつせみにのぞみ高く岩山に
二十才の夢をひとすじの
ザイルにたくしいどみしも
断たれし命果てなくて
沢のほとりの山百合と
散りて返らぬ愛し子を
夜ごとの夢に待ち詫びて
細りし母の涙枯る
（七夕に吾子の来世の幸願う）

今は亡き石川君の、お母さんが詠まれた歌である。

七夕の一ヶ月前、初夏の緑も濃い奥多摩の越沢《こいざわ》バットレスでロッククライミングの練習中、石川慎吾君が墜死した。

昭和四十一年六月五日、二十歳であった。

私は当時同じ会社の山仲間である佐藤君から連絡を受けて、早速佐藤君とともに、石川君が事故に遭ったという現地へ行ってみた。

私の時代の岩登りの練習は、ほとんど三ツ峠専門だったので、越沢バットレスというところは初めてであった。

沢に面した、杉木立ちの中に草付きの岩場はあった。

佐藤君と適当にルートを選び、一度登って懸垂で降りた。

石川君は稜線の十メートル下、スリップのショックでザイルが切れたのだという。

古い話になるが、マナスル登頂後の昭和三十一年から翌年にかけて、朝日新聞に井上靖さんの「氷壁」が連載された。生沢朗の魅力的な挿絵との相乗効果もあって、日本中が山登りに憑《つ》かれたみたいな時期があった。

当時、ちょっとした大学の山岳部になると百名以上の部員がいたものである。(ちなみに、現在はどうかと思って聞いてみたら、山岳界では名門といわれる慶應が七名、早稲田が十一名ということであった)。

その余韻が昭和四十年代の前半くらいまであって、当時私や佐藤君、それに石川君も勤めていた会社でも、山岳部が主催する山登りに百名以上の参加者があったこともある。そんな時代に石川君は、会社の山岳部に入ってきた。その後、会社を退《や》めて学校へ入りなおし、その学校の山岳部へ入っての練習中の事故であった。

（そういえば、「氷壁」もスリップによるナイロンザイルの切断がひとつのテーマになっていたなあー）。

かつて、発売されたばかりのナイロンザイルを使用した岐阜の岩稜会の事故を、井上靖さんが取材して小説の素材になったのだということを聞いたことがある。あの事故以来、ナイロンザイルは九ミリをダブルで使用することが多くなったが、石川君の場合は練習ということもあり、十一ミリをシングルで使用していたようだ。

事故現場とおぼしき現場近くの岩棚で佐藤君と花を手向け、お線香を焚いて一服つける。見わたすと、杉林の濃い緑が周囲を覆っていて、紫の煙とよく似合った。

事故の起こる前日、佐藤君の職場へ訪ねてきて、佐藤君が忘れてしまっていた山行中のわずかな借金を返してくれたという。

そんな石川君とのなつかしい山行の想い出がいくつかある。奥武蔵、八ヶ岳、秩父などである。奥武蔵は、山を始めたばかりの石川君を連れて、テント、ラジウスなどの一式を背負って笠山、堂平山、大野峠、丸山と歩いた。小さいときは扁平足で、遠足のたびに泣く思いをしたということ、好きだった女の子のこと、大変なあばれん坊で、よく近所の駐在のお巡りさんに追いかけられた話などをしていた。高校に入って柔道で体を鍛えたせいか、扁平足の割には山に強かった。

八ヶ岳のときは、会社の山岳部の一周年行事の下見ということで、天女山から入り、権現岳、キレット、赤岳、横岳、硫黄岳と縦走した。天女山から権現小屋の間は、黒いやせ犬が四人のパーティに加わるという変わった山行だった。とりあえずその犬に名前をつけようという段になって、

「こいつの名前、なんていうのかな」

「そうだな、権現の登りで知り合ったから『ゴン』なんてのはどうだ」

「バッキャロー、俺のアダ名と同じじゃねえか」と同行の一人。

「それじゃ、八ヶ岳の八公てのはどうだ」

「うまい！　それにしようぜ」と一同決定。

(そんなこともあったなあ)。

秩父のときも四人パーティだった。瑞牆《みずがき》山荘までマイクロバスで入り、富士見平を過ぎ大日小屋で水を補給し、縦八丁の急坂を登り大日岩へ出る。砂払いから岩の径《みち》となり山梨側はガレ、長野側はハイマツとなる。千代の吹上げ、七人行者を過ぎ、瑞牆山荘から約三時間半で金峰山・五丈岩着。

五丈岩で「昼のいこい」をラジオで聴きながらお昼とする。ラジウスでお湯を沸かし、インスタントみそ汁をつくっておにぎりとともに食べる。

帰路は、今日中に東京へ帰る最短距離ということで佐久側の川端下《かわはげ》へ下った。金峰山川の源流、西股沢に沿う林道をどんどん飛ばし、約二時間で川端下に着いた。更に秋山まで四十分ほど歩き、

バスが出る時間までだいぶあったので、屋号は忘れてしまったがバス停近くの民宿で休憩することにした。

十畳くらいの部屋へ通され、五十代のおばさんがお茶を四人分とおしんこを持ってきた。

私たちは金峰山からかなり飛ばしてきて、のどがからからだったのでビールを三本注文した。温泉ではないので残念ながら汗を流すというわけにはゆかなかったが、そのときのビールのうまかったこと――。

石川君は、道中の富士山、南アルプス、八ヶ岳の景観の素晴しかったことと、この時のビールがうまかったことが、よほど印象に残っていたらしく、帰京してからもしばしば金峰山行のことを話していたっけ。

秋山には伊藤さんという私の知人の実家があって、伊藤さんとともにその実家へ泊めてもらい、金峰山川をはじめ、千曲川源流の各沢に山女《やまめ》や岩魚《いわな》を追ってよく歩いたものだ。

「たしか大工さんの巾上次男さんという若い釣りの名人がこの付近に住んでいたなあ」――などと話しているうちにバスの出発時間となり、時々話しに加わっていた民宿のおばさんに挨拶をして帰った。

四人の中で最も年が若くて、ハンサムな石川君が、そのおばさんに一番気に入られていたみたいだった。

さて、話はいよいよ核心に近づいた。

石川君の葬儀も終り、三ヶ月たった命日、まだ残暑の厳しい九月初旬に私たちは「弔い山行」をすることになった。場所は八ヶ岳、秩父など種々候補に上ったが、夜行日帰りが可能で、石川君が最も喜んでいたということから秩父の金峰山に落ちついた。

前夜、新宿をいつもの二十三時五十五分発長野行夜行列車に乗り込んだ。（まだ固い木の座席の列車が走っている頃のこと）

前回と同じように瑞牆山荘まで今度はタクシーで入り、かつて石川君と歩いたコースどおりに大日小屋を経て金峰山へ登った。

頂上でお線香の代りに煙草に火をつけて岩の上へ立て、石川君の冥福を祈った。

帰路も前回と同じように川端下を経て、秋山へ下った。前回のように飛ばさず、ゆっくり下ったが、秋山に着いたのは前回同様、夕方の四時を少し回っていた。

バスを待つ間「またビールを飲もうじゃないか」ということになり、前回休憩した民宿の玄関に立った。

顔触れは石川君を除く前回の三人。

「なんだ、アンさんたちかえ」

民宿のおばさんは私たちのことを憶えていてくれて歓迎の言葉で私たちを迎えた。

前回と同じ玄関を入ってすぐの部屋へ通され、早速お茶とおしんこが出てきた。

湯飲茶椀が四つあったので、仲間の一人がふともらす。

「三つでいいのに——」

「さっき、四人いたでねえか」と民宿のおばさん。

「さっきからこの三人だけだよ」と仲間。

「いや、アンさんがたより若い人だよ、ほれ、前に来なさった――」とおばさんは自分の感違いを認めようとしない。

このとき、私たち三人の胸には、昨日の夜行列車以来、歩いている間もずっと脳裏に去来する石川君のことが、ふと重なった。

(おばさんは多分、石川君のことを言っているのだな)。

おばさんは感違いでも何でもなく、本当に石川君を見たのだ。石川君は今回も、私たちと行動を共にしていたのだ。

(そんなことはある筈《はず》がない)という人がいるかも知れない。しかし私はその後、山小屋で宴会が終って静寂さをとり戻した深夜、前年亡くなった父親に会っている。

ノーベル物理学賞受賞の湯川博士は「科学でわかっているのは全体の二パーセントに過ぎない、知られざる世界こそ現実である」――と言っておられた。

説明できないものについて、私たちは、しばしば「幻」ということにしてしまっている。

そんな「幻の山行」であった。

夢

串田孫一

山へやって来た時に、山の夢を見るのはどうもばからしいと考えるが、そうかと言って、山で見る夢ならこんな夢という気のきいた考えがあるわけでもない。

自分の見る夢の操縦が私にはうまく出来ないのは残念である。

尾根から少し下ったところに、荒れはてた無人小屋があると、前日の朝に通った村の人から聞いていたが、話によるとその小屋を誰も利用しないのは、夜半を過ぎるころに、小屋を大勢の者が取り囲んで、低い声で歌いはじめ、それが気にかかって眠れなくなるということであった。

それは雪の深い季節に十数人で登ったどこかの青年団員が、その小屋をさがして見付からず、寒さのために次々と斃《たお》れ、ある者は小屋からほんの十メートルも離れていないところで死んでいたそうである。

私はそういう種類の話をいろいろ聞かされたこともあるが、まともに信じられない不幸な人間であって、せっかく、おやと思うような奇妙な音を聞いても、怪しくふくらんでくれない。十数人の若い人たちが死んだのは何年前のことなのか、私の記憶にはなかったが、それは事実であったらしい。低い声の合唱が、もしも大変美しいものならば、録音機をかついでもう一度出直して来るのもおもしろいと思い、いつになく、登りながら胸のわくわくするような山歩きになった。

その小屋を見付けたのは、大分暗くなってからで、まだ使うほどではなかったが懐中電灯を手に持っていた。尾根から斜めについた細い道は、草に蔽《おお》われていて、全くよく見付けられたと思った。そして小屋の周囲は木の繁みが深く、道をさえ切るように木が倒れていた。その木の幹はもう朽ちて苔《こけ》に蔽われていた。古いその小屋は、想像していたほどに荒れていなかったが、扉を引くと、先着者のいることが分かった。板の間に蠟燭《ろうそく》がともっていた。私は「こんばんわ」の声をかけたが返事がなかった。水場は往復二十分ということだから、靴がないところを見ると水場へ行って、ひょっとするとそこで飯を炊いているのかも知れないと思った。だがそれはいいとして、蠟燭を板の間に、じかに立てたまま水場へ行って、その留守に何かの加減で蠟燭が倒れ、小屋が燃え出したらどうするつもりなのだろう。それに荷物はどこにも置いていない。炊事をしに行くのに、荷物を一切かついで行くものだろうか。蠟燭は燃えて短くなり、時々じりじりとかすかに音を立てる。私はさすがに靴紐を解いてゆったりする気持になれず、これから何が起こるか知れない小屋の戸口で身構えていた。

私の夢がここで終わって目が醒めたことは少し残念であった。夕陽が赤らみながら秋の無言歌を思い出させた。私は地図をひろげ、無人小屋のある尾根を通らない、別の道をさがした。

*
*
*

山のおばけ座談会

山高クラブ

時　五月十六日夜
所　岸体育館

プリマドンナ、朝倉章子女史の「山の唄」、風見武秀氏の「山岳映画」、藤野城行氏の「山岳漫談」と豪華プロの最後を飾って愈々《いよいよ》各人とっておきの「山の怪談」が始まりました。五月の山高クラブ懇親会です。一人は一人と話は凄味を帯びてきます。わが国第一線登山家、早大山岳部の関根吉郎氏が幽霊否定説を力説しますが、これがまた怖気《おぞけ》立つ恐い話、自称、幽霊というクラブ委員、三浦晴氏が名にはじずゾッとする所を一席、先鋭女流登山家、筈見《はずみ》愛子女史が「霧降《きりふり》牧場の怪」と会場、夜の体育館は急に深山幽谷の山小屋のように静まります。体協名物男、福井正吉氏が「一月の熊の湯のある夜」を語れば、お馴染の大倉寛、森いづみ、新島章男の三氏のトリオで「ギョギョッ」の事実談がえり筋を冷くさせました。さあここらで藤野氏の司会で「山の怪談座談会」の録音盤を活字にしてお目にかけましょう。（編集部）

釜トンネルでえり首をキュッ

藤野　山に怪談はつきものです。何にしろ小さな人間の頭では判断できない不思議なことが起るのが山です。今晩お集りの皆様は何れ《いず》も山に年季を入れておられる方ばかしなので、さぞかしこわい話を沢山持っておられることと思います。まず最初に口切り役を森いづみさんにお願い致しましょう。

森　それは一昨年秋、山に新雪がおりた頃、日本アルプスは上高地の近く、釜トンネル内の出来事でした。新雪の北穂をかけてすっかり良い気持でいよいよ松本に下るのだと思うと、一行の足は何となく早目になります。もう釜トンネルに来ました。時間は午後八時。御承知のようにこのトンネルは曲っているので内部は暗いし、それにでき始め頃、大倉さんが内部で凍死した乞食に正面衝突したという曰《いわ》くつきの所で、余り気持の良いトンネルではありません。でもその時は、そんな不気味なことよりも、松本に着いたら竹の屋の中国料理をなどと、食物のことばかし頭に考えて歩いていたのです。いつの間にかトンネル内に入りました。あたりは鼻をつままれても判らない真の闇です。靴音だけが妙にまわりの岩肌に響きます。さきを歩いていた私はどうしたことか、誰かに後ろからリュックザックをぐっと引かれたのです。
何だかエリ首をおさえられるような気がしました。丁度、後ろにいる福井さんあたりがいたずらをするのかと思いました。声をあげようかと思ったのですが、暗い中でおとなげないと思ってぐっとのみこんで進みました。その中《うち》に出口にきました。外はもうまっくら、後ろを見ると福井さん達一行はずっと後《おく》れているのです。はてな、するとさっきリュックをぐいと引いたのは？と考えると冷汗がツツーと流れてきました。度の強い眼鏡をかけている福井さんは、人のリュックを引張る所《どころ》か自分の一人歩きさえやっとでしょう。それにまっくらな中でピッケルをふりまわす様な非常識な山人もいない筈。

「森さん、どうしたいシンケンな顔して」

福井さん達は屈託もなさそうな顔で言います。私は仕方なく事の仔細を話しました。

「ウエッ、出たかい」

皆はなんとなく近寄りました。その後の話題は釜トンネルのことばかしです。思いの外に早く中の湯につきました。

「大体あそこは電灯がついてるのが本当なのに、つけないとはケシカラン」といきまいて、松本に着くと関係の方々に話をして、電灯をつけてほしいと希望いたしました。以後、釜トンネル内は電灯がつくようになったそうです。あそこをお通りになる時、電灯を見たら蔭の殊勲者のことを思い出して下さい。

藤野　終りが選挙演説みたいですね。（大笑い）

釜トンネルと森さんのお話、結構でした。私も何《な》んだかエリモトを冷い手で引張られたみたいでした。本当ですよ、よく見たら汗でぬれたワイシャツ、ほれ、後ろの釘にかかっていまし

た。(哄笑)

お後相次《あとあい》いで女流登山家、筈見愛子さんにお願いします。

霧降牧場の怪音

筈見　これはお友達が体験して来たと云うお話の受売です。何ですかカツガレている様で、真疑の程は詳《つまびら》かではないのですが……

戦時中のこと、若い人達が四、五人で霧降へ行ったところ、着いたのが夜だったので、牧場小屋ででも泊めて貰おうと、とも角ブラブラと歩きはじめました。丁度夏なので、ナイトハイキングには絶好だったそうです。すると牧場へ出る手前だかに一軒空家があり、戸も無いので入って見ると、中はまだきれい、畳も敷いてあったとか——。それで早速、朝迄此処《までここ》に泊ろうという事になって室《へや》に上り、暫《しばら》く雑談して十二時頃寝たそうです。所がその中の一人は眠られないままに、ただじっと横になっていると、夜半の一時か二時頃と覚しき頃、台所の方でトントン……と、何か俎《まないた》の上できざむ様な音がするので、はじめのうちは、屹度《きっと》ネズミだろう、ぐらいに思っていたのですが、その音がだんだん大きくなり、或《ある》程度に達すると、又かすかな音に戻り、それから次第に大きくなる、という規則的な音を繰返すので、だんだん気味悪くなり、隣りの友人をつつくと、その人も気がついていたらしく「何だか変な音がするネ」というので、益々怖くなり、眠っている連中を皆起して、とも角一度見て来よう、という事になり、懐中電灯を持って、音のする方へ行ったそうです。すると音はピタリと止り、何物もみえないので、念には念を入れて、家中隈《くま》なく捜しましたが、ネズミ一匹出ないので、又元の部屋に戻って横になりました。勿論今度は誰も眠れません。すると又、かすかな音がトントントン……と聞こえはじめ、だんだん大きな音になり、又スーッと小さくなってしまって、前と同じ事を繰り返すので、遂に一人が我慢出来なくなり、枕元のザックをかかえて外へ飛び出したので、他の連中も急に怖気づいてそれにならって飛び出してしまったそうです。そして、牧場小屋の方へ、夢中になって馳け上ったそうですが、何だか後から引張られそうで何ともいえない気持ちだった、というお話ですが、私はまだ霧降へは行った事がないので、果してそんな空家があったかどうかも知らないのです。未だに、かつがれている様な気がしていますが、誰方かあちらへお出かけの節は、おしらべになって頂きたいと思います。

藤野　その音は何者が立てたりや？　どうです、山高クラブの例会で幽霊退治をおやりになっては。（良いねと賛同者の声あり）

所でここらで凡《およ》そ幽霊とか化物に縁遠いと思われるアカデミカーの関根吉郎氏にバトンをお渡ししましょう。

塵紙が宙ぶらり・穂高小屋の便所

関根　ボクは幽霊を否定します。そんなものはありよう筈がない、これが信条です。だが大学山岳部に入りたての頃、フレッシュマンの当時、合宿や小屋生活では随分、怪談でおどかされました。穂高小屋の便所は夜入ると捨てた塵紙が宙ぶらりんになる、こう言われてある晩入って見たら、なるほど用をすました後紙《あとがみ》が宙に浮いている。

いや驚いたの、何の。でも心を静《しず》かにしてみたら、何の、飛驒側から吹く風で紙が下に落ちない迄の話だったのです。でも驚いた話が一つあります。ある夏の夜、仲間と穂高小屋から常念の方をみていると常念の頂上附近に怪光が見える。ボク一人でない、皆が見た。そこで誰言うとなく狐火だとか、いや人魂《ひとだま》だとか言う。その翌晩も見た。

そのままだったら当然、穂高小屋で怪光をみた話として今晩当り受けるのだが、ボクは不審に思って昼間、双眼鏡を持って偵察したら、何と豊科《とよしな》附近のお祭りで花火を上げていることが判った。そこで夜、常念の上当りにボーッと妙な光物《ひかりもの》が点滅するというわけだった。科学的に調べてみると山の幽霊などはこんなもんじゃないかと思う。

藤野　幽霊の正体見たり枯尾花ですな。

近代登山の関根さんの説を反ばくするような話はないでしょうな。お年は召しても気は若い所で新島章男氏に一席。(拍手)

丹沢のヒ虫につかれた話

新島　私も山怪談とか幽霊みたいなものは関根さんと同じく否定説ですが、何分山というものは自然の作った最も大きなものの一つなので、人間の知識だけではわり切れないものがまだあると思うのです。

人魂というものを私はみました。夏の夜空にぶらぶら薄気味悪い青い光物を見るのは余り良い気持ではありませんし、狐の嫁入りといって山の尾根や沢筋などに点々と灯がともり丁度行列するみたいな感じのもので、薄気味悪いのと綺麗なので妙に気になりました。所で私が今もって変だと思うのは丹沢山塊のヒ虫の話です。話と言うより私が身を持《もっ》て体験した話です。

昭和の始め、私は東丹沢からヤビツ峠を越え蓑毛《みのげ》へ出る途中、妙に腹が減ってたまらないのです。札掛《ふだかけ》を出る時充分、腹ごしらえはした筈なのにとてもたまりません。変だと思っていましたが、丹沢にはヒ虫といって山道を歩いていてこれにつかれると空腹になり餓死するといわれるのです。そこで私は精神を統一して一生懸命歩きましたが、さほどへバってもいないのに一歩は一歩と歩けなくなり、蓑毛迄の道が長いこと。やっと駄菓子屋を見つけて思うさま食べてやろうと思ったら、ウソのようにお腹は元通り、空腹なんか忘れてしまっているのです。今もってその原因が判りません。

藤野　そういうこともありましょうな、そういう妙なことにぶつかった経験はまだ豊富にあることと思います。山高クラブ委員の市川清澄さん、いかがです。体験発表を。

山で死の報らせを受《うけ》とった話

市川　親しい身内の者が死ぬ時、変った事があって、その事が今考えてみると死の知《しら》せであったというような事をしばしば聞きますが、私が経験した事をお話いたしましょう。

昭和十七年正月の始めのことです。連休を利用して第一日は鳥沢から穴路《あなじ》峠を越え棚ノ沢から赤鞍ヶ岳に登り、竹之本へ一泊、大室山加入道《かにゅうどう》山に登ろうと、勤務先の友人と二人、身も心もかるく通いなれた穴路峠を越え、棚ノ入沢沿いの径《みち》をしばらくゆくと、赤鞍ヶ岳へ至ると書かれた指導標が話しかけていました。

これから奥は伐採されたため判り難いですが、私は二度ほど通っており、しかも最初は雪の降る中を、二度目は朝まだ薄暗い内にこの径を通って赤鞍ヶ岳に出ていますので、今日の好天気のこの状態では先《ま》ず間違いなく、通れるものと思っています。道は特長ある枯木の所で左折、沢を渡り枝尾根に取付きぐんぐん登れば問題なく赤鞍ヶ岳へ出られるわけなのですが、どうしたことか枯木の所に出られないのです。狐につままれたとでもいうのでしょうか、しらずしらずのうちまた元の伐採した所へ出てしまい。いつもなら人夫衆がはいっており径を聞く事ができるのでしょうが、正月の始めとて人っ子一人おらず、しかたなしに先の指導標の所まで戻り、又出発失敗再出発又々失敗と、四五回同じ事をくりかえしましたが、どうしてもわからないのです。

友人にどうしようかと聞くと、この失敗に意気消沈した友は帰ろうやと、なさけなそうにいいますし、私はなんだか家の事が急に気になりますので、それではとバックしようときまり、穴路峠を越してしばらく降った所で日はとっぷりと暮れました。気分的にすっかりくさって居る上に夜道となり、完全にアゴを出してしまい、やっとの事で終列車をつかまえ家へ帰りました。

さて帰ってみると、どんなに遅く帰ってもおきてむかえてくれる父も母もいないので、不思議に思って、弟を起して聞いてみますと、胸をやんで永らく病床に着いていた私の仲のよい従妹が今日死んだので御通夜にいっているとのことです。そして息をひきとった時間を聞きますと、なんと私が道に迷っていた時間と一致するではありませんか、これこそ私は従妹の死の報せだということが判り、現代の科学を超越した何物かを感じました。

藤野　さもありなん、貴方と意気投合しておられた従妹さんの報せではその位のことはありましょう。そういう時に大体、山に行くなど宜《よ》ろしくありませんぞ。（大笑い）

所で皆様お馴染みの山高クラブ委員の三浦晴さんにとっておきを一つ願いましょう。

夜中にのびる死人の手

三浦　私と幽霊はどうも親類みたいだと思っています。（一同大笑い）

ここらで一つ恐い所をお話ししましょう。ある時、山で道を踏み迷い、漸《ようや》くにして灯をたよりに一軒家に辿《たど》り着き、一夜の宿を頼みました。所が主人が「お気の毒だが今日女房がなくなって取り込んでおるので麓の部落に行ってくれないか」との事でしたが、疲れ切ってもう一歩も歩けませんので、炉端で横にさえさして下されば結構だと無理に頼み込みました。

やがて主人は「明日の用意に一走り行ってくるで、お客人一寸留守《ちょっと》を頼みます」と出て行きました。見も知らぬ一軒家に新仏《あらぼとけ》とたった二人と思うと、疲れておっても仲々寝つかれません。仏様の枕元には小□（一文字判読不能）に茶碗や白団子が供えられ、線香の煙がゆれております。見まいとする程そちらに目がゆきます。と蒲団から白い細い手がすーとのびて団子を一つとると蒲団の中に消えたのが薄暗い中にはっきり見えました。思わずハッとして逃げ出そうとしましたが、心の迷いかと炉端にがたがた震えておりました。みるともなく又そちらをみるとスーと又白い手が延びてゆきます。もう生きた心持ちもなく逃出《にげだ》そうとした処へ漸く主人が帰って参りました。ホッとして主人に始終を話しますと、「それは気の毒な事をした。実は子供がむずかるので仏と一緒に寝かしておいたのだが、一寸ことわっておけばよかったが——」

という怪談は亡くなられた山高の元委員長小林淑郎さんの十八番でした。（一同、哄笑）

藤野　いや美事、美事、柳橋《りゅうきょう》そこのけの怪談、私はシャッポを脱ぎます。ところでこんどは第一線登山家として谷川岳一の倉沢に数々の好記録をお残しになった青山学院山岳部O・B、現在東横学園教諭の野村雄さんに谷川岳で遭った怪談をお願いしましょう。

一の倉の怪

野村　昭和十六年の秋のことでした。私と親友のY君と二人で烏帽子《えぼし》の奥壁を登りました。東北大の故小川登喜男氏の登ったルートを外れたため予想以上に悪く、僅か三ピッチで日が暮れ、小さな岩棚にハーケンを打って確保し、オカンをしました。そうしてY君とともに学校の先輩だった小島隼太郎氏（烏水《うすい》氏令息）や大倉寛氏などが昭和初期に苦斗《くとう》して一の倉各ルートを開拓した話を熱心にしておりますと、いつの間にやら夕闇があたりを包んでいました。その中に話題は山と死という話になりました。故大島亮吉の「涸沢《からさわ》のある夜のこと」が話題になり、しめやかな気持になりました。

「おい、野村、あれ何だ」と急にY君の声がしました。ふとみるとマチガ沢とをくぎる東尾根のシンセン附近に白い妙な固《かたま》りが三つ尾をひいてふらふら浮《うか》んでいます。プリズムを出してみても判りません。背筋がぞくぞくしてきます。この沢で死んだ登山家の亡霊でしょうか、いつもは科学科学と口に言ってるY君が妙な恐怖にとりつかれたらしいです。

そういう私も歯の根が合いません。夜になって天気が崩れ大雨となりました。長い一夜でした。その翌日、豪雨をついて奥壁を上り、一の倉尾根を通って谷川岳へ行く途中、道一杯に三人の遭難者の死体とぶつかりました。そして昨夜見た三つの白い固りがこの登山者の死と何か関係があるような気がして帰ってから心霊学者に聞いてみましたが、確たる回答はえられませんでした。

藤野　ありそうなことですね、場所が場所とて逃げられもせず、さぞ恐かったことと思います。どうですクラブ委員のソブ川精治さん、貴方のお得意の南アルプスでそういう目に会いませんか。

キジ射ち御用心

ソブ川　昔から宗教登山を行われている山には不思議な事が多いようです。

南アルプスではそうですね、昨年正月に甲斐駒に行った時、竹宇前宮で泊り合った行者達が夜半十二時より四時頃迄、行《ぎょう》をしていましたが、後で話を聞くとお祈りしていると神様が現われてきて私の行なうべき事を手にとって教えて下さると私に話ししてくれました。それでその話を聞いてから駒に来るたびに前宮にお参りしますが、残念ながらいまだ御神示はありません。(哄笑)

この前宮の原長太郎老人の話によりますと、駒の摩利支天峰である用をすませた学生が急に腹が痛くなり、山を下り前宮を出るとケロリと治ったという話をしてくれました。これなんか神様の罰に当ったとでもいうのでしょう。

藤野　朝倉先生は地方にお出《いで》のことが度々《たびたび》あると思いますが、そういう恐い目にぶつかったことがございますか。

スタンドの蔭に血まみれの女

朝倉　私、大変臆病なせいか、恐い話を聞かないこと、恐い場所へは行かないことにしているので余りありませんわ。でも今晩は例外、私の好きな山の話ですから人のまた聞きの怪談を話しましょう。

戦争最中、ある代議士の方が霧ヶ峰の裾、上諏訪温泉に泊った時のことです。旧の八月のお盆のこととてその晩は大変むしたそうで、しかもその代議士さん、Mさんといいますが、その方の部屋が何だか陰気な部屋だったそうです。夜中にふと目をさますと、枕元のスタンドのわきに血だらけな女の方が、抜きえ紋で着物の柄《がら》迄はっきり見えたそうですが、うらめしそうに見つめているそうです。いつもは仲々豪腹な方ですが、この時だけは「アッ」と思ったそうです。声を立てようにも声は出ない、ふるえは止らない。そうして一夜、眠れず翌朝、女将を呼んだら「また出ましたの」と軽くやられたそうです。何でも数年前のお盆の晩にその部屋に泊って心中の片割れの女が首を切って死んだという曰くつきの部屋でして、毎年、その晩には出るそうです。山高の方達、お出でになったらいかが。

藤野　山高クラブで是非、お化け探険例会をちょいちょいやらなきゃ駄目ですね。こんどはぜひ怪談の種をお集めになって下さるよう朝倉先生にお願い致します。

さて東京証券取引所山岳部の秋葉さん、朝倉さんからリレーして頂きましょう。

月夜に高下駄の音

秋葉　私は岳界にお仲間入りして日も浅いのですから、先輩から聞いた不思議な話の受売りをさして戴きましょう。時は昭和の初め、晩秋のことでした。先輩O氏はたった一人で猿橋から麻生、権現、扇山、鳥沢のコースを辿るべく、夜明けの三時頃に猿橋駅に下り立ったわけでした。月明りに照らされ下手な詩吟の一くさりを口ずさみながら、百蔵《ももくら》山の裾を葛野川沿いに歩いて行きました。

ふと気がつくとすぐ後方にカランコロンと時ならぬ高下駄の音です。「今頃、誰かしら」始めは無意識だったそうですが、次第に高下駄の音が耳につきます。何かしら変な気がして立止《たちどま》り、耳をすますとやはり音がします。「誰かしら」と思いながら耳をすますと、音は近づくようであり遠のくようであり、あいも変らずカランコロンと響きます。

何か知らぞっとするモノノケの気配です。それでもO氏は一人の山歩きをするほどの人ですから、確めてやろうと路傍の石に腰かけて音の近付《ちかづき》を待ちますが一向に来ません。もしかすると狐にでもばかされているのではないかと考えると急に不安になって一足は一足と早くなり、ついにもよりの家に飛びこんだそうです。血相かえたO氏を見て、そこの家の人が「下駄の音かい、びっくりなさったろう。ここらのムジナは悪いでな、都会の人とみるとからかうでな」といったそうです。

藤野　結論するとムジナにばかされた話ですね。都会には尾のない狐がいて田舎の人をばかすから、田舎のムジナが都会人を逆に脅したわけですね。もう時間も遅くなってきましたから、お化の出る情況によくなりました。ここらでお馴染みの大倉寛氏にお願いします。

妙なこと

大倉　最近あった〝妙なこと〟をお話しましょう。先日、山の編集委員の浜野正男氏（立大山岳部ＯＢ）に会ったので、私が満洲にいた当時、仲好くしていた立大山岳部ＯＢの山本正成君のことを聞いてみたのです。

「山本君は死んだ」との返答です。私は背中から水をぶっかけられたようにぞっとしました。これだけじゃ怪談になりませんが、丁度その前夜、竹節作太氏著の「雲表の旅」を読んでいましたら、山本君と故中村寛二君の現役当時、雪の鹿島槍カクネ里登攀の情況が書いてある件《くだ》りに、山本君の上に故と書いてそのわきにわざわざ朱線が書入れてあるのです。

この本は私の書斎の一隅においてあり私以外誰も見ないので、こんな書入れをするのはいないわけですが、私は一応家内かと思って聞いてみたのです。

「立教にいた山本君死んだのかい」

「セガレさん（山本君の仇名）のことでしょう。まさか」

「でも変なことがあるんだ」

と言ってことのよしを話しましたが、その晩は冗談話になっていたのです。

所が翌日、浜野氏から始めて予報を聞いたわけなのでゾッとしたわけです。

近く山本君のお墓参りをする積りです。

藤野　ゾッとする話ですね。へえ、どうもすっかり寒気がしてきました。これ以上やられては怖くて帰れません。どうも有りがとうございました。ハイサヨウナラ。

*
*
*
*

七不思議

辻まこと

山へいけば不思議なことは七つばかりじゃない。七不思議の七は数ではなく幸運の意味の七だ。とにかく私の遇《あ》ったいくつかの不思議とは、こんなものだ。

サルの腰掛の上に変なジイサンだかバアサンだかわからないモノがいた。ちっぽけな躰だからキンキラ声だ。白髪が身長よりも長く顔がよく見えなかった。脚は鳥みたい。それが私に向ってカン高く吠えた。

——この木はウンムウ　わが名はワッピー　汝はケケモハシであるぞ！

どういうわけかこのワッピーのスペルが私の頭の中で図形を描いた。ワッは大きな白い円でちいさくその下にＰＰＥＥと書くのである。

私は自分がケケモハシであるのかとビックリ仰天し、ドギマギした。

蒼然たるたそがれの中に変なものは消えたが、いままでに見たこともない大きなサルの腰掛はちゃんとそこに生えていた。

空飛ぶ円盤だか皿だかが話題になったとき、サイエンス・フィクションを書く友人が仲間と一緒に高尾山で一晩徹夜して、フライング・ソーサーを発見する会をやるから一緒にこないかとさそわれた。

それは遠慮して秩父の方へいった。夏の森山は夜歩きの方が涼しくっていい。草木も眠るウシミツドキに腹がへって山腹に腰をおろし握りめしを食っていたら谷越しの向う山に灯がついた。あんなところに人家も路もない筈《はず》だが、とおもっていたら灯の数はどんどんふえて、しまいには百ぐらいにもなった。提灯《ちょうちん》みたいな赤っぽい灯だ。こりゃ面白いし、きれいだナとワクワクしながら眺めているうちにまた数がへって、しまいにまっくらになった。

円盤を発見できなかった友人は私の話をきいて口惜しがった。

山男秘譚

丹野　正

　伝説化したものは別として、山男や山女の話はいわば山の秘密である。山に行きさえすれば、誰でもが耳にする種類のものではない。

　山村の人々の寡黙に加えて「下手な事を話したら人に笑われはせぬか」とか「迂闊《うかつ》に話せば祟《たた》りがありはしないか」というナイーブな羞恥や警戒の心理が、話を流布せしめない。だから同じ部落の者ですら、知らずにいる事が沢山ある。体験者自身の胸に深く秘められたまま、永劫の世界に昇ってしまう場合だってあるはずである。

　私が山の秘密に触れた動機は、御所山泉郷口に民俗芸能の調査に出掛けた事であった。――泉郷口には沢渡獅子踊りという古式の舞踊がある。これは猪の踊りで、形式にも特色があり、東北には類例がなく、かえって武蔵秩父郡の三峰の獅子舞などと通う点が多いように思われる。――その夜の打ちとけた集い《つど》は楽しかった。そして夜を徹して炉辺に繰られた驚くべき話の数々に、私は激しく感動した。私は眠りを忘れた。その後、山村に旅するごとに、この種の話の採集を心掛けて来た。

山男は果して実在するか。——精神的リアリティにとどまらず、肉体的リアリティでもあるのか。

これは難しい問題である。しかし、語る体験者は真剣である。そして山中に有りがちな幻覚《ハルシネーション》とのみ片附けられない場合がある。人類学的な事実も無いではない。

次に、私の資料の中から根拠ある事柄のみを若干選んで、出来るだけ正確に紹介したいと思う。このような事実は如何《いか》に見るべきであろうか。その正体が何者であるかは不明であるが、山男なるものを肯定するなら、正しくその名に値するものであろう。

＊

大正十二年の九月。

常盤村鶴子（山形県北村山郡）の大類長之助ら十人ばかりの屈強な男が、造林の人夫に雇われ、御所山の夫《そ》の小屋近くのヒダノ沢に粗末な小屋を掛けて、三、四十日も泊っていたことがあった。小屋は入口に筵《むしろ》をたれ、はいるとすぐ横に長く炉が切ってある。夜はランプをつける。

それは朧月《おぼろづき》の美しい夜であったという。

九月といっても、雪国の、まして山中の夜はゾクゾクと寒い。食事もすませ、炉に盛んに火をたき、皆で談笑していると、入口に面して坐っている者が急に話をやめた。入口の筵をまくり上げ、無言のままのっそり入って来た者がある。

ランプと焚火の明りに浮《うか》び出たのは、六尺もあるような男で、おどろな髪が顔を蔽《おお》って胸までたれ、身にはズタズタに切れた白衣状の物をつけ、髪の毛の間からキラキラ眼を光らせたまま、黙って突っ立っている。

すさまじい巨木のような姿を仰いで、一同谿《たに》川の水を浴びたようにギクッと息をのんだ。こちらが一人でなかったことは仕合せだった。気の強い者が勇を鼓して、言葉を掛けて見た。

「お前、誰だ」

「――」

「どこから来た」

「――」

石のように黙したままである。重ねてきく。何度目にかやっと口をきいた。

「オハマ」――と、たった一言。

その声は姿に似合わず、優しかったという。一同の恐怖はその声をきいて、段々とけて来たが、言葉の意味はとけない。オハマなどいう地名はこの辺になし、物の名でなし、皆顔を見合せた。

「火さ当れ」「先《ま》ず当れ」と手を振りながら交る替るいうと、ゆっくり腰を下し、顔を上げずにじっと火を見詰めている。飯を食わせて見ようという事になって、残り飯を与えると旨そうに食い、たちまち二杯目も平げた。

しかし招かれざる客である。「もう二度と来るな。少し行くと大きな道がある。その道をずっと下ると村があるから行け」と、外を指差して繰返しいうと、のっそり立上り、外へ出た。見ていると、静かな足取りで、振向きもせずいずこかへ去っていった。芒《すすき》の穂が妖しく光る仄明るい山中を。――

〔これは大類長之助老の直話である。昨冬、筆者が鶴子の公民館で講演を頼まれ、吹雪を冒《おか》して訪れた時、老を知った。老は現在、六十七歳、素朴な好々爺《こうこうや》である。初めはなかなか話さなかったが「今までたった一度だけ、不思議な目に会ったことがあります」と前置きして、話してくれた。大正十二年のことと記憶するが、十三年であったかも知れないという。

前述の事があってから、夜など「おい、オハマ来るぞ」とからかい合ったが、二度と姿を見せなかった。乞食ではなし、乞食の来るような所でもなし、何者であったか今も分らないとのことである。「オハマ」という言葉は依然、疑問である。

なお御所山は山形・宮城県境にまたがり、海抜一五〇〇メートル、奥羽山脈中の名山である。頂上の形から船形山とも呼ばれ、この名の方が全国には通用する。鶴子はその山麓のさびしい部落で、登山口の一つになっている。〕

*

昭和九年八月。御所山観音寺口（山形県北村山郡高崎村）の先達《せんだつ》、滝口庄蔵が左沢《あてらざわ》町の登山者八名を案内し、御嶺を極めての帰り、不思議なことがあった。

御嶺から少し下ると、急な勾配になる。辺りは木立ちと一面の笹原である。

蟬の声がさんさんと降り注ぎ、日盛りの山のにおいが漲っている。庄蔵が先頭に立ち、小柴にすがりながら、顔中汗にしてくだって行くと、下からトットと登って来る者がある。近付いて、ふと見ると驚いた。何とも異様な人間である。

中肉中背の庄蔵より、一尺五寸も上背《うわぜい》があるかと思われるような大きな男で、白い鬚を胸までたれ、顔は赤黒く眼が鋭く光っている。身には、木の皮に何か塗ったようなカパカパ黒光りする蓑《みの》風の物をつけ、その上に荷らしき物を背負っている。

長年先達をして来た庄蔵にも例《ため》しがない。庄蔵はハッとしたが、道は狭く、直《す》ぐ後には一行が続いている。進退きわまって、脇によけようとすると、男の方で立止《たちどま》り、道を明けて「通れ」というように手を振った。無言であった。庄蔵は思い切って通り抜け、一行もそれに続いたが、一様にギョッとした。

すれ違う時、白い髪を丸めた大男の頭に、五、六寸ほどの木の枝が笄《こうがい》のようにさしてあるのを、一同ははっきり見た。

十間《けん》位は後を見ずにくだったが、振返って見ると、男は急な勾配を杖もつかず飛ぶように登って、忽ち木立ちにかくれてしまった。

「あれは天狗様でなかんべか」

誰かがいうと、皆うなずき合った。御所山には昔から天狗の話がある。一同は汗も乾く思いで山をくだり、高崎村観音寺の黒伏神社につくと、直ぐお祓いをして貰ったという。

［これは滝口庄蔵老の直話である。老は親代々の先達で、大正元年から勤めたという現先達

の長老であり、登山者間にはよく知られている。六十六歳の今も矍鑠《かくしゃく》として、頼まればまだ先達をするが、この話は老の長い先達生活での唯一《ただ》つの不思議だという。

なお老の亡父にも注目すべき体験があったらしいが、その話がもはや定かでないのは残念である。

明治三十四年、泉郷口にも不思議な邂逅があった。これはかつて紹介したので省略する。」

*

明治二十年代のこと。東郷村泉郷(山形県北村山郡)の太田鉄五郎が御所山の山中、沼の台の渓流の傍らに湯を掘り当てた。それまで毎日登山し、神に祈願をこめたのであるが丁度七日目の満願の朝に当っていた。

喜び勇んで頂上の祠まで参詣に出掛けたが、白滝の所に来て、ふと滝に眼をやると、滝のすぐそばの大きな松の下に、長い白鬚をたれた七尺もあるかと思われる大男が突っ立ち、爛々たる眼でじっとこちらを睨んでいる。五臓六腑の疲れかと、鉄五郎は気を鎮め、眼をこすって見直したが、大男は身じろぎもしない。

これこそ噂にきく御山の天狗かと、鉄五郎はびっくり仰天、別な道を通って、転ぶように観音寺まで逃げたという出来事があった。

白滝は山中でも名のある滝で、丁度白麻をひろげたような美しさである。湯の出た所から約一里半、いかにも深山を思わせる。なお白滝の近くに、水が紫色に見える紫滝があるが、紫滝附近でも不思議な人を見掛けた話がある。これらの滝は山人のオアシスでもあろうか。鉄五郎氏の湯は、不幸にして長く続かなかった由である。

［これは泉郷口先達の太田利八さん、その他の方の話である。］

＊

御所山の西南方、山形・宮城県境に白髪山（シラヒゲヤマ・一二四八メートル）がなだらかな姿を見せているが、その中腹に「天狗の粟畑」と呼ぶかなり広い草原がある。

ここの草は秋になると、黄色な高粱《コーリヤン》のような穂が出る。そして風の加減からか、ちゃんと畑のように畝《うね》が出来る。ここには普通、誰もゆかないが、下の方から道形《みちがた》のようなものが付いており、それが何時《いつ》も誰か通ったように綺麗になっているのは、不思議とされている。

明治の末頃、どんよりした日だったというが、この粟畑で一人の蓑を着た者が、しきりと草の実を採っているのを見た登山者があった。

麓の百姓が採りに来るはずはないし登山の者とも思われず、何者か分らなかった。

［これも太田利八さん、その他の方の話である。］

＊

今年六十七になる高瀬村切畑（山形県東村山郡）の鑓水《やりみず》常次が、十七、八の頃だという。稲刈りも終り、茅刈りに掛る時分であった。家から一里半ばかり山中に入ったカネカケ沢の岩の下へ、近所衆と一緒に焚物つくりにいった。何時しか一人になり、一心に鉞《まさかり》で木を割っては重ねていた。唄が好きなので、大声で歌いながらやっていると、どこからか薄汚い十四、五の子供がやって来た。

「木重ね手伝うべな」という。

その辺の子供だと思ったので何気なくあしらっていたが、仕事が終ると「割り木重ねて呉《く》れた代り相撲とんべな」といい出した。常次はその頃、力自慢でもあり、剣術を習っていたので、小《こ》癪《しゃく》な奴、一《ひ》と捻《ひね》りと、面白半分立向うと、組むか組まないかに、小笹の中にしたたか投げ飛ばされた。二度。——三度。——同じ事である。

今日は調子が悪い、疲れたせいかねと思って「もうやめた。家さ帰るわ」と、鉞とハケゴ（藁《わら》の背負い袋）を肩にして帰りかけた。すると子供は「ほうか、俺と相撲とったこと誰さも語んな」といって、プイとどこかにいってしまった。

それまで平気でいた常次は、その一言に慄然《りつぜん》とした。これはただ者でない。魔物だと思うと、後も見ずに逃げ出したが、途中足が震えて雲を踏むようであった。家へ着くとすぐ寝込み、数日飯も食わずにウツラウツラしていた。

それから一月もして、家族に真相を打明けたが、忽ち話がひろまり部落での有名な話になった。なお、この事の後、常次の兄が代りに積んだ木の運搬にいったが、木は押しても動かず、よほど力のある者が積んだものだという事になった。常次は二度とその場所へは行かない由である。

〔鐺水常次老の直話であるが、実はこの話は特別に扱わねばならない。

鑓水老を炉辺に訪ねた時は、藁仕事の最中であった。老は屋根葺きが本職であるが、かつては部落の青年会長をも勤めた由で、赤胴色の顔と白髪には、いやしからぬ風格がある。

以上の話を読まれた方は、河童の相撲譚を連想されるに違いない。私もそうであった。津軽や羽後の山男、土佐のシバテン（芝天狗）等の相撲譚もある。この話にはどうも類型的な要素がある。だから私は慎重に幾度も老に聞き返した。しかし話者にはあくまでも体験であり、事実なのである。血統などから見ると、老は多分にスピリチュアルなタイプの人らしくもある。これは幻覚《ハルシネーション》の一つの場合である。

それから、村人の多くもこれを事実と信じていることを、後から知った。ここにも一つの伝説の発生がある。

なお老は、同村玉が入りの人で、自分より七、八歳年長の同様な体験をした者の話もして呉れた。その人は故人であるが、美しい坊主山での出来事であったという。大体似ているが、少し違っている点もある。」

*

東北の名刹、山寺立石寺《りっしゃくじ》（山形県東村山郡山寺村）から二口峠の方を望むと、眼前の山の中腹にヒョッコリ突っ立った岩がある。筍《たけのこ》でも生えたような感じである。立ち岩といって、立石寺の名はこの岩から出たともいう。

寺から東南に約一里、ほぼ円錐型の岩で高さは二丈三尺、手掛りがないため、普通はとても登る事が出来ない。十年ほど前、頂上に二羽の鷹が巣くっていて、下の雪を何かの血で赤く染めることもあった。また立ち岩は昼になると翳《かげ》がなくなる。だから村人はそれを見て飯にする。昔から村の日時計でもあった。

明治の十何年かだという、ある日、どこから現われたか、一人の人間がこの岩の頂上に立ち、小手をかざして辺りをあちこちと眺めていた。日中だったので、村人が見付けて騒ぎになった。風体《ふうてい》は分らないが、何か着ていることは分ったという。

「何者だべ」「なずえして登ったもんだか」「何する積りか」などと、皆が指差し、ガヤガヤいい合っているうちに、忽然といずこへか消えてしまった。

〔立石寺学頭、権僧正清原英田氏の話である。氏は小僧時代に、目撃者である同村川原町の福蔵から親しく聞いた由である。〕

＊

昭和五年の旧正月四日。山寺村千住院の増子という百姓法印が、南面白山に至る一ノ門の入りに山仕事にいった。

昼近くなったので、まず一服と煙草をのんでいると、おかしな物が眼に入った。少し向うに一寸《ちょっと》した鉄道の測量小屋が立っていたが、冬からずっと無人なので閉め切ってある。ところが、その小屋の破風《はふ》の下から、一匹の猫が出たり入ったりしている。

変だな、この山奥に人がいるはずはないが——と、何気なく藪《やぶ》をこいで近寄ってゆくと、五つ六つ位の縞の着物を着た男の子が、ヒョッコリ出て来た。呆気にとられていると、その子供は傍の滝をトコトコとよじ登って、どこかへいってしまった。

着物の縞は一寸位の棒縞で金色に見えたという。この辺に山窩《さんか》の話はないし、これは魔だと思うと増子法院はゾッと鳥肌立つのを感じた。

そして、そのまま仕事を打切り神の加護を念じながら走るように家へ帰った。

〔増子法院は既に故人で、これは妻女カツさんの話である。カツさんは現在六十五歳の記憶のいい婦人である。細かな点を確かめるすべが無いのは、誠に残念である。〕

＊

二口峠に近く、山寺、高瀬村境に一一八二メートルの瀬の原山がある。昔から、この山に雲がかかれば雨だといっている。頂上はただ一面の熊笹である。今では頂上まで炭焼きが入っているが、一と昔前まではほとんど登る者はなかった。

二十年も前までは、附近の子供達はひどくこの山を恐れていた。

「瀬の原山さ行くな。山男が出るぞ」「瀬の原の山男は大きくて裸で、腰に何か巻いている。色は黒く眼がギョロギョロしていて、人がゆくとじっと何時までも睨んでいる。」と年寄りからよく聞かされたからである。

〔これは山男口碑のサンプルである。山形県庁勤務の鐙水宗一君、その他の方の話である。〕

＊

東北大学生物学教室の朴沢三二《ほおざわさんじ》教授が、昭和二年六月十三日から数日にわたって、魚取沼（ユトリヌマ・宮城県加美郡宮崎村）に鉄魚《てつぎょ》の調査に出掛けたことがあった。

魚取沼は宮城・山形県境の深山の中にあり、昼なお暗い闊葉樹の原始林に囲まれている。長さ約三町、幅二町位で楕円形をなしており、水は澄んでいてかなり深い。ここに鉄魚という鮒《ふな》に似た鉄色の珍しい魚がすんでいる。

この魚取沼で、教授が不思議な男に出会った。その男はただ一人、沼のほとりに茅《かや》の小屋を建て、鉄魚、海老、山菜、木の実、茸《きのこ》などを生食して生活していた。驚いた教授は握飯やキャラメル等をやってようやく手なずけたが、里から山に入った者であることが分った。変則ながら、これも一種の山男である。

彼は山形県北村山郡の生れで、名を片倉芳蔵といい、当時三十五歳であった。ある家の入婿となったが、家庭の不和から憂鬱症となり、遂に飛出して深山に安住の世界を見出した者である。沼の面《おも》も雪で白くなると、いずこへか去り、木々が芽ぐみ藪鶯が春を告げると、待ち兼ねたように埴生《はにゅう》の宿に帰って来る。教授と相見《あいまみ》えた時の彼は、着物こそボロボロではあったが、容貌も性質もきわめて温和だったという。

この山男は五年前に死んだとの話がある。彼は数年前までは、時たま麓の村々にも姿を現したが、大分前から全然見られなくなった。

〔朴沢教授はすでに故人である。遺稿集限定版『海鼠《なまこ》の骨』が刊行されたが、同書の二一五頁にも以上に関した記事が見えている。河北の三原良吉氏に依れば、この際の詳細な紀行文もあると。〕

＊

大高根村富並（山形県北村山郡）に工藤ツメという精神に異常のある婦人がいる。年は三十を少し出ている。小学卒業の時は優等生であったが、どういうものか二十《はたち》の頃から異常を来たし、二十五、六からは山にばかりいるようになった。山仕事にいった村人がよくツメに驚かされた。意外な所にボンヤリ立っていて、雲など眺めていることが多かった。

秋のある日、ツメはいなくなった。その後、山中で姿を見掛けた人もあったが、家には全然帰らない。どうして生きているのか分らなかった。雪が来た。やはり帰らない。家ではついにあきらめた。

それから丸二年たった昨秋、東京の某精神病院から突然、村役場に通知があった。工藤ツメなる者を保護してあるから、直ぐ引取りに来いというのである。家では驚いた。青天の霹靂《へきれき》とはこの事であった。

ツメは再び、雪に包まれたわが家に寝るようになった。今、腰にしめ縄のような太い藁帯をして、藁の襟に藁の袖無しで炉辺にじっと坐っているなどという話をこの旧正月聞いたが、その後のことは知らない。

ツメが二年間、山でどう過したものか、とくに冬はどうしていたものか、それに東京まで一体、如何なる方法でいったものか。不思議だらけで、村人はもちろん、家族にも丸で分らないという。村人も知らないような藁細工など、どこでどうして覚えたかも分らない。

ツメは悲しき現代の山女である。

ただ、ツメの行動は魚取沼の片倉芳蔵と同様、火も塩も用いぬ山中生活の可能を雄弁に語ってはいないだろうか。山人研究の傍証的資料の一例として紹介する所以《ゆえん》である。

鳥海湖畔の怪

畠中善哉

　ガイドの栄田さんは鳥海《ちょうかい》の秘境として名ある稲倉岳《いなくら》東よりの深谷に入った、御浜《おはま》（七合目）からは足元近く見える所であるが思いの外時間がかかる。深谷への下りは生やさしいものではなかった。蟻《あり》ノ戸渡しの嶮を鉄鎖に縋《すが》り丈余のイタドリを縫うと間もなく水浸しの岩石が続いて苔《こけ》むす岩の下りになっておりやがて東面に御滝《おんたき》が見えてくる。神代を思わせるような古峰が連なっている中間から落下する御滝は凄いまでに静寂な谷間の掟てを破って異様な響きを与え時折り出現する羚羊《かもしか》の跳躍によって起される岩崩れとともに木霊《こだま》は木霊を呼ぶ、御滝の渓流は奈曾川の源流で渓谷を渉《わた》り歩くと間もなく白糸滝が展開する、壮麗な滝で落下一〇〇メートルはあろう。

　栄田さんは暫時滝の美しさに見惚れていたが意を決したものの如くに滝寄りの断崖を徐々に登っていた。それは前々からこの断層を一度物にしてみたい望みを持っており又若者にあり勝ちな冒険心も手伝って決行に至った。勿論岩登りの素養とてなく強引といえば強引な仕業である。登りは所々草付もあって難場の援けにはなったが思いの外手強い登攀に栄田さんは尠《すくな》からず自信を弱めた。後悔に似た感情が往来した。滝の飛沫《しぶき》は思い出したように時々襲来して栄田さんを苦しめた。下を見下ろすと今にも滑り落ちそうな錯覚にとらわれたりした。それでも栄田さんは徐々に徐々に登っていた。最後のあがきで悪場を乗越えて滝の落口側に登りつき安全な所へ腰を下ろした時には、全く命拾いしたような安心感と望みを果し得た誇りをしみじみ味わった。

一息ついて帰りがけの岩を登って間もなくの所に洞窟を見付けたので何の気なしに入口に近づき暗い中を覗きこんだ栄田さんは、愕然としてそこへ突立ったまま生色を失う程驚いた。確かに洞窟内に生物が潜んでいる反応が六感を強く刺激し正に鬼気迫る怖ろしい圧迫感を全身にうけたからである。一瞬五体が凍りつくような寒気《さむけ》に襲われそれが恐怖感となって全身のふるえは止まらなかった。早くここを逃れようと焦っても足は少しもいう事をきかず全く遅々たるものだった。岩を登り熊笹をかきわけ根《こん》の限りを尽してようやく御浜宿舎に辿《たど》りつく迄《まで》には相当の時間がかかっていた。確かに洞窟内に怪物がいるとガイド等に後日話したが障らぬ神に祟《たた》りなし――とて誰もそこへ行ってみようという人はかつてなかった。洞窟の生物は今尚稲倉神秘の中にある。

この山の伝説にピントを合せると鳥海では殆《ほと》んどが大蛇になってしまうのが通例である。御浜の東南扇子《せんす》森と鍋森に囲まれて円形の鳥海湖がある。周囲数百メートル、湖畔は砂礫で小高い周辺は高山植物が繁茂し周囲の投影によって深色を増し神々しいまでに静まり返っている。鳥海湖畔に大蛇が出るという話は昔から専らで現存のガイドも何人か蛇行《だこう》跡を実見に及んでいるというわけで単なる噂でなしに地元ではあり得る事として肯定している。それは定《き》まって八月も半ば過ぎといった期間に現出するので一つの神秘の出来事と地元の多くは今でも信じている。鳥海山には古来大蛇の伝説多く古書に「東北の空に大蛇《おろち》二つ飛びゆき鳥海の嶺に下降した」とあり現在千蛇谷や蛇石に至るまで蛇にちなむ名は多い。

栄田さんはガイドである。そして山好きだ。或《ある》年の夏それも八月下旬御浜から鳥海湖を廻って八丁坂に出るコースをとった。吹浦《ふくら》コースから一寸《ちょっと》外れたコースも時によいものである。

ニッコウキスゲの群落は花期過ぎて白い小花のハクサンボウフウや遅れ咲きのミヤマリンドウが美しく道筋近く咲いていた。湖面は小波《さざなみ》一つたたず湖畔の砂礫も半ば乾いて足跡一つ見えないのは人の訪れがなかったからであろう。いつも眺《なが》める風景乍ら美しい印象をうけた。

畔周の小路を歩いて八丁坂から千蛇谷、荒神岳を経て山頂を極め十合目の社殿に額《ぬか》づき午後二時下山についた。今日は鳥海湖に親しみを覚えたまま帰りも湖畔の道を歩く事にした。チョウカイアザミの豪荘な花房を賞《め》で乍ら這松《はいまつ》の林を右に見て岳笹の小路に入る頃もう湖が見え出してきた。湖畔の浜が半ば見える頃になって、おやっ――、と栄田さんは足を止めてじいっと砂浜の方を注視した。変ってるぞと思うなり一〇メートル程の草原斜面を走り下りて砂礫に出た。そこには八寸幅の跡が大きく曲りくねって砂礫に刻まれ恰《あたか》も馬車の轍《わだち》の如く続き湖水に入っているではないか。正に今迄耳にした大蛇の蛇行跡である。それも直前のものらしく一帯生々しい雰囲気に包まれている。

然《しか》し前回の稲倉洞窟と違いここは広々とした所であり御浜宿舎の近くにあるという気強さはあったが単身なだけに怖ろしい気持ちはした。今でも湖面から大蛇が出そうな予感がして微風が湖面を渡る変化にも神経を尖らした。栄田さんは目のあたり蛇行直後の跡をよく観察する事が出来たのは本当に有難いと思った。出来るだけ細かに見ておきたいと思い爬行《はこう》跡に従い附近を調べてみた。一筋と思った跡は離れて大小二つになっており交叉してる所もあった。砂礫にある岩は避けて迂回し草原に入り草を倒して鍋森に進んでいる。幸いフィルムが一枚残っていたので湖岸でシャッターを切った。

午前十時過ぎここを通った時は何の異常もなかったのが現在（午後三時）発見した事から僅か五時間の間に現出した事となるが実際現場を見ての感じでは三十分と経っていないものと推定された。栄田さんはこうして二度目の怪に出遭ったのである。

休火山である鳥海山は最後の噴火からまだ一五五年を経たばかりで所により若干の湿気は現に残っている。鍋森附近は岩石の堆積で小洞多く蛇の生棲に適している。

鍋森下は昔から不浄の人が入れば不帰とされ今尚地元民から神域と信ぜられている。鍋森から出た大蛇（蛇神）は草を倒し岩を避け悠々湖水にみそぎして帰るというのが地元民の伝えである。元ガイドをやった人達は湖畔の跡を皆見ておるがガイドの一人は蛇行の跡には青蠅が集まるといい又一人は草原蛇行後逆光で見ると青光りするといっている。

こうした事を集束すると生物になってしまう。果して大蛇か否か。先年黒部の平小屋へ泊った際居合せた白馬《しろうま》のガイドから聞いた話の中で白馬の一五〇〇メートルに大蛇が棲んでいるという事から大木の洞《ほら》にかくれていた大蛇を木共焼いてしまった。後日丈余に余る大蛇の白骨が伸々と現場にあったと其《その》場に臨んだガイドは長々と話してくれた。

ともあれ未開拓の鳥海の事とて考えの及ばぬ怪事もあろうし怪物もおらぬでもない。そこにこの山の怪がある。

黒沢小僧の話

務台理作

黒沢小僧《くろざっこぞう》と、小豆《あずき》ばばさと、地ころがしの話である。信州南安曇郡北アルプスの山麓につたわる話である。黒沢《くろざ》とは黒沢山のことだが、またそこから流れ出る渓流の名でもある。黒沢山は上高地と穂高の谷を背後にする北アルプスの前衛の山の一つで、その尾根を登り上げ、「鍋かぶり」、「つめた沢」、大滝山をこえて上高地へ出る道もある。これは徳川時代にあいた古い飛騨道である。黒沢山は峯まで針葉樹が黒々としげっているのでそう高い山ではないが、三つの峯があり、何ものか大きな羽根をひろげたような恰好で、黒沢の谷をかかえるようにしている。主峯は鳩峯という。里からみると穂高や槍や蝶ヶ岳はかくれて見えないが、その肩をはずれて北に常念、大天井《おてんしょう》、燕《つばくろ》、餓鬼、唐沢、爺《じい》、蓮華《れんげ》、鹿島槍と、北アルプスの遠景がよく見える。黒沢山のヴォリュームは相当に大きく黒々と里の上へのしかかってくるように見える。私などは北アルプスの雪の連峰よりも、夜の黒沢山をずっとものすごく感じたものである。

「黒沢小僧」はこの黒沢山の谷に住んでいた。小僧とはいっても大僧で、酒顚童子《しゅてんどうじ》の童子のたぐいであろう。黒沢小僧の正体を見たという人はほとんどなかったが、その足跡は時々山入りの人たちの目にふれた。夜になるとほんとうにまっ黒な黒沢山の中ほどの尾根に焚火らしい火が遠く赤く見えるときは、里の人は今夜は黒沢小僧の灯が見えるといったものだ。

黒沢小僧には老婆がついていて、老婆は黒沢の谷道をあるいてくる人の目につくように、高い平らな岩の上で、古い糸車を廻していたという。人がそれに気がつくと車の手をはなして手招きをしたという。もちろんその手招きに誘われていったものもなかろうが、じっさい誰々が見たというでもなくそんな話が伝わっていた。

黒沢山の中腹から下は村の入会地《いりあいち》になっていたので、村の人たちは、晩春の雪どけの時分には山菜をとりにはいったり、秋には炭焼や柴取りなどにはいった。そういう山入りの人にはむかしからのオキテがあった。山に置き忘れた道具は決してその日のうちにとりに戻るな、もしその日のうちに戻ると二度と里に帰れなくなる、忘れたものは日を改めて取りに行けというオキテであった。日暮れに谷間をウロウロしていると黒沢小僧につれていかれて山男にされてしまうということであった。

ある時、隣村の何兵衛という人が黒沢山で伐採用の大鉈《なた》を忘れたというので、仲間の止めるのもきかずに山場に戻っていった。仲間はそのまま帰ってきたが、その男はとうとうその夜帰って来なかった。家人も心配するので村人が昨日の山場へ探しにいったが影も形もない。忘れたという大鉈ももちろん見当らなかった。男の名を呼んだり、その辺を探してみると、沢のすこし土がかったところにその男の足跡にちがいないものと、とてつもなく大きな足跡とが入り乱れてついていた。草なども踏み倒されていた。その男は黒沢小僧に谷をさかのぼってつれて行かれたらしい。それっきりその男の消息はたえてしまった。

そのあくる年の五月、水田をこしらえる時分、その男の家は妻と子供だけでたいへん困っていると、夜、誰かが戸口のそとにきて、「マンノウ出せ、カッサビ出せ」といった。マンノウとカッサビは田ごしらえの道具である。その次の夜もやってきて同じことをいった。それで家人は夜分にマンノウとカッサビを出しておくと、重い足で人がゆききする音がきこえる。夜明けになって起きて見るとその家の田圃がすっかり耕されて、稲苗を植えこむばかりにしてあったという話である。私はこの話を祖母からいく度となくきいたものである。その時分私はほんとうに黒沢小僧のいることを信じていた。

「小豆ばばさ」もその里の魔性のものの一人であった。小豆ばばさは小さな川の古い橋の下に、暗い小雨の夜などにうずくまっている。人がひとりでその橋へかかると、橋の下で小豆をとぐ音が、ざっくざっくときこえる。このざっくざっくという音はたまらなく陰にこもった音だという。それでおっかなくなって逃げてかえる人はいいが、もし無理にその古橋を渡ると、橋下からやせた青い顔にみだれ髪のばばさ（それだけが暗さに浮いて見えるという）が首を出して、そのはしが錐《きり》のように尖った小石をいくつも投げつける。足や背中にそれがささって半死半生の目に逢うという。ざっくざっくという音は、ほんとうは小豆をとぐのでなく、川の小石をといでいるのだという話である。

小豆ばばさの出るといわれる古橋はきまっていた。日が暮れてからそういう古橋を通るときは、ざっくざっくという音がきこえはしないかと、小さい子供の私はほんとうに怖ろしかった。

「地ころがし」もそのような魔性のものの一つである。これは暗い夜、丘の下の細道のわきの草むらの中にいて、人の来るのを待ち受けている。薬缶《やかん》ぐらいのまんまるく、まっくろいもので、眼玉と鋭どい歯のついた口しかない。人がそこへさしかかると、そのあとからごろごろところがってきて足のかかとに噛みつくというのである。これはどこにいるかわからないので、暗い夜のひとり道はおそろしかった。いったい「地ころがし」の正体は何だろうか。夜の鎌いたちのようなものだろうか。しかし私はじっさいに噛みつかれたという人に逢わなかった。

あの里にはまだイヅナつかいの家があった。イヅナつかいは長野市の北の飯綱《いいづな》山の信仰と結びついているものだろうか。イヅナをつかう家は、村の人からきらわれて、あまりつき合いをしなかったが、時折どこかへ出ていく白い着物の老女を見たことがある。

イヅナは鼬《いたち》位の小さな狐で、イヅナにとり憑《つ》かれるのは女が多い。その人の眼には見えるが家の人には見えない。なんでもとり憑かれると高熱が出たりひっこんだりする。高熱の折はイヅナが寝床の中へはいってきて女の人の腹の上を這いまわる。その証拠に病人の腹の上が梁の煤《すす》やほこりでいつもよごれているという。

このイヅナにじっさいにとり憑かれたという女の人の話をきいたことがある。その女は島々の人で、わらびの澱粉とか、干した岩魚《いわな》などを背負って里の方へ売りにきて、私の家によく泊りこんだ。その人はほんとうにイヅナが梁の上をとび歩いているのを見たし、イヅナと話をしたこともあるといっていた。

これは今の南安曇郡三郷《みさと》村野沢の辺の話である。

奥会津檜枝岐怪異譚

石川純一郎

山人達は小屋を構える場所や山への出入りなどを一緒にする山仲間の小さい集団を形成している。山仲間の一大特徴は信仰の共同で、昔にさかのぼるほど集団における掟は厳格で、この掟に背いた者の主観的な制裁は恐ろしいものであった。

――良材は密林に捜し求めては斧《おの》を入れ、岩魚《いわな》をば渓谷に漁り、獲物を追っては人跡未踏の山岳を縫い歩き、山渓に野宿あるいは山小屋に宿泊せねばならぬ。これら山郷の人々が、長い過去において受けた深山幽谷の酷《はなはだ》しい寂寞《せきばく》の威圧の影響下にある彼等の心理は、信仰心と相俟《あいま》って神秘的な様相を呈している。

山に対峙して生を営む山郷の人々にとって山は信仰である。

山もまた神秘的な存在である。

――檜枝岐《ひのえまた》山郷の神秘性をさぐる資料として怪異譚なるものを拾ってみた。

＊

山小屋ではよくバンデー餅と称する食物を供えて山の神を祭る。

狩場では、水に困られて葡萄《ぶどう》蔓の汁で渇《かわき》を凌《しの》がれたという山の神の苦しみを思って水を極度に節約する風習があった。而《そう》してバンデー餅の製法は、普通の御飯の煮え立った時に湯をしたみ、暫《しばら》く蒸してから搗《つ》くのはこの為であろう。

さて、ある山仲間が山小屋で例の通りバンデー餅を搗いて山の神を祭ったが、仲間の一人は如《い》何《か》なる考えからか参加を拒んで自分の小屋に寝ていた。すると、その者の上にのしかかる姿のない不思議な力があって、隣りの小屋の楽しい笑い声がはっきり聞えていながら、自分では声も出なければ身体もいうことをきかず、非常に苦しい目に逢ったそうだ。

山の神を祭らなかった罰であろう。

――沖縄には、そういった悪戯の好きなキジムナという妖怪が住むという。

＊

夕刻に隠し魔が出没するという考えは、久しく人々の心に信仰と畏怖の影を落していたとみえて、檜枝岐には「オーマバンバ」と称して子供にいってきかせる話がある。オーマは大変背丈の高い婆《バンバ》さんで、彼女の留守の間に二人の息子――ジャマンとガマンの姿が見えなくなった。河原で水遊びに夢中でいると、にわかに大水が出て、ぬぎ捨てた草履を岸に残したまま、二人とも押流してしまった。この事情を知らない彼女は、夕刻にはきっと人里に出て来て煙出しから頭をつっ込んで「ジャマン、ガマンはいねえかよ」と捜し歩くので、外などいると攫《さら》って行く。だから夕刻は早く家へ帰るものでござると。

——これはいわゆる隠し婆さんの話だ。

隠し婆さん、攫い狸狐《りこ》などといって、隠し神とはいわない地方がかなり多い。

檜枝岐はそういう地方の一つである。

*

山に働く者が、忽然として山に紛れ込んでしまい、消息を絶ってしまうのを、檜枝岐では狐の仕業と考えている。人の体内に狐が入り込んで、気狂いとか阿呆のような異常状態に陥れるのだと信じられている。

一口に狐憑《つ》きという。

神に隠されるのはこの狐憑きであるが、人にはこれほどの理由がなくてただわけもなく山に入ってゆく習性があって、科学や推理でも解けない神秘性が横たわっている。

次に神隠しの話を三つ掲げる。

*

今では開拓されて立派な耕地になっているが、小沢平《こぞう》（檜枝岐では沢をゾウと訓《よ》む）という処は以前、密林に被われていた。
中ほどに、その名も化物清水と呼ばれる泉がある。
いつの時代にもこの泉の辺に小屋を構え、板にする檜《ひのき》の材を取る木挽《こびき》の一団があった。三月の節句も間近かなある朝まだき、皆眠り耽《ふけ》っていると、出入口に立てた戸をバリバリやるものがいるので、斧などを手にして戸を開けてみると、泉の辺に大鍋を冠った妖怪がうずくまっていたという。

まもなく、節句を村で迎えるために帰ったこの木挽の仲間は、口々に妖怪を見て驚いたという話をしたところが、これを嘲《あざけ》って、そんな馬鹿なことがあってたまるかといって全然真に受けない男がいた。――節句の翌日、この男は、妖怪などいないことを確めてきてやるといってその小屋へ上って行った。村では男の帰りを明日か明日かと心待ちにして待ったが、二日たち三日たちしても音沙汰ないので心配になった。例の木挽を先途に村の壮者達が行ってみると、案の定《じょう》小屋の中は空《から》であった。周囲を捜すと、山の斜面に、檜を結《ゆわ》えた背負梯子《せおいばしご》の背中を当てる方を山の上に向けておろしてあり、山鉈《なた》の抜身が傍《そば》の木の幹に食い込んでいたりして、格闘のあった気配を漂わせていたという。勿論男の姿はどこにもなく、家族の者が口寄せをすると、皆が捜している時俺はあの木の上にいたが、モノに押えられていたので自分からは口をきくことも出来なかったそうだ。

*

これも小沢平で起った話である。

尾瀬沼から流れる只見川筋は、ダムの出来る以前、産卵期に入ると鱒が沢山上って来た。この季節には鱒を捕獲する目的で村の漁師が小沢平に鱒小屋を構えた。義助という漁師も仲間の漁師と一緒に、この年も鱒小屋に移り住んで漁をしていた。ある夕方、義助はものを考え耽りげな様子で鱒小屋に帰って来て、ハケゴの中からひっ乾《から》びた小鱒を一匹出して見せびらかせながら、「今日釣ったのはこれだけだ」と苦笑したという。それから、「変なものを見て来た」というので、どんなものかと仲間がきくと、「河の底を赤い玉のようなものがごろごろ流れていた。よく見とどけなかったのが残念だ」と答えた。両の手の平で示した玉の直径は一尺もあったという。そんなものを見た時は逃げて帰るものだ、といって仲間が諌《いさ》めると、「いや、明日こそはよく見て来てやる」といい、そういう処へは絶対行っちゃならんという仲間の忠告にも頑《かたく》なに首を振った。

——その翌日、義助は、「鱒を漁しがてら行ってみるだけだ」といい、仲間の諌め言を左右してとうとうその処の方へ行ったという。仲間は心配して待っていたが、その晩義助はとうとう鱒小屋に戻らなかった。早速仲間が村へ跳んで、人を集め、数日間河を捜した。しかし義助のそれらしい物は何一つ見つけ出すことが出来なかった。普通川流れは何かしら残るものだそうで、何も残らないところをみると川流れに逢ったのではないということになったそうである。

義助の姿はその後も発見出来なかった。

丁度義助の行方が知れなくなった折も折、彼の妻が産気づき、腹の中の子供がギギギギギと変な声で鳴いたと思うや、妻の息が絶えてしまったという。

血縁のある者が口寄せすると、義助は、自分は魔物のために食べられてしまった、骨はなんとかいう河上の断崖の岩穴にあるから始末してくれといったそうである。

*

小沢平の近く（五十人小屋場）に伐採に来ている樵夫《きこり》の一組があった。密林に斧を入れているうちに、食糧が少なくなったので、一旦下山して村から運搬して来ようと相談がまとまった。その中の一人は、皆の戻るまで留守番していると主張しておれようとしなかったために、その者を残して他の樵夫達は仕方なく下山した。

食糧を背負って小屋へ戻った時には、しかし彼の姿はなかった。

一同は驚いてその附近を捜してみたが一向に発見できず、いたずらに日を送っていると、ある日ひょっこり彼は山中から出て来た。その時の顔の色は真青だったそうである。小屋に連れて帰って、温くいたわりながらどうかしたかとただすと、「皆の留守の間に沢山伐採してやろうと考えて一心に働いていたが、そうしたある日、急に渇を覚えた。道具をその場になげ出して川へ行ってみると、不思議に先客があった。自分の眼の前で水を飲んでいるのは、よく見ると大入道だったので気が遠くなって、その後のことは全然知らない」と答えたそうである。それは悪い者をみたといって、皆は心配しつつその晩は早く眠りの床についた。

――翌朝目を覚ました時既に彼の姿はなくなっていて、再び捜したがとうとう姿を現わさなかった。樵夫達は、何かの祟《たたり》かも知れないと無気味に思ったので、彼と小屋を構えた場所とをあきらめて山を下ったそうである。

＊

二番目三番目の話にもあるように、神隠しの特徴は、行方が全然知れなくなる前に一度は家族や仲間に姿を見せることである。沖縄で神に隠された者は、木の梢や断崖など普通人の歩かない処を歩くことが出来、捜す人の声も姿もよくわかるが、自分からはどうすることも出来ないなどといわれるが、これらの特徴は檜枝岐と似ている。

山でも特に不思議のある場所や日を敢《あえ》て侵《おか》さないという傾向も三つの話の中に窺われ、これを侵した者は狐憑きになって山深く隠れ、あるいは魔物にとって食べられてしまったのである。

三月節句の翌日は、今日でも山に入るものではないと強く戒めている。

＊

これは星兼三郎氏の実談。

氏がかつて曲輪職人であったころ、実川の奥のチョンギ岩に近づくと、大砲のような大音響とともに、黒岩山頂に向って強風が吹き、ゴーッと三、四十間《けん》通りの大木が弓なりになびいた。多分天狗が通られたのであろうということだ。

山小屋では毎食大概岩魚を食べる。釣って来た岩魚の腹わたを小屋の前に捨てて置くので、夜になると貉《むじな》が出て来る。明治の時代には、毎夜小屋の近くに来て芸をする貉が住んでいたという。

山で働く人々が口吟《くちずさ》む浄瑠璃や長唄を聞き覚えて、夜になると実演に及んだのだそうだ。或《ある》年の春文作という人が熊狩りに行った折に、僅かの積雪があった朝、貉の足跡を発見してその跡をたずねて行くと、確《たしか》に大木の洞《ほら》の中に入るとわかり、鋸と斧を持って行って大木を倒し、これを生捕った。この貉こそ芸獣であったとみえて、その後は小屋の近くで芸をするものが無くなったという。

＊

ある女性の娘であった時分、それも日中のことであるが、上夜泣子《かみよなご》へ行くと上の山で、来ている筈《はず》のない母親が彼女を手招きしているのを見た。それは母親に違いないが、彼女が家を出る時には母親はまだ家にいたので不思議に思って帰ってみると、やはり母親は家にいて何処へも出た覚えがないといったそうである。

＊

兼三郎氏が直接兄から聞いた話に、泊り山に行ってた際に、夜中に近くの密林の中から叫ぶような声がする――こういう時には負けないで音を立てるといいと聞いていたので、鋸や空缶を打ち鳴らして撃退したというのがある。

＊

尾瀬ガ原の大釣場という地点に小屋を構えて岩魚を漁する者がいた。偶々《たまたま》十五夜の晩にこの小屋に泊っていると、何処《どこ》からともなく腹鼓を打つ音が聞えて来た。外は昼のように明かるいので、その音のする方へ近づいて行った。そして盛んに腹鼓を奏している狸の群を詳しく見たという。

雪女

関野準一郎

「それは、私、私、私でした。それは雪でした。そしてその時あなたが、その事を一言でも云ったら、私はあなたを殺すといいました。……そこに眠って居る子供がいなかったら、今すぐあなたを殺すのでした。でも今、あなたは子供等を大事に大事になさる方がいい。もし子供があなたに不平を云うべき理由でもあったら、あなたをそのままにしておきませんよ……」

彼女が叫んで居る最中、彼女の声は細くなって行った。風の叫びのように、——それから彼女は輝いた白い霞《かすみ》となって屋根の棟木の方へ上って、それから煙出しの穴を通ってふるえながら出て行った。……もう再び彼女は見られなかった。……

以上は小泉八雲の『怪談』の内にある「雪女」の最後の場面で、小泉家へ出入した東京都北多摩郡調布村の農夫から聞いたものを小説にしたものだそうである。雪国の雪におしこめられた穴居生活の長い夜、炬燵《こたつ》で子供達からせがまれるままに、語る老婆の物語はやや同じ内容のものであった。私はまだそういう物語りを覚えている。

八雲では武蔵の国とされているが、場所は雪国の人里離れた処ならどこでもよい。上信越の国境の鉛色の空の低く垂れこめた銀山平でもよかろう。冬の日、ある若者が年老いた父の替りに山へ出かけるが急な吹雪の天地晦瞑《かいめい》の中で遭難にでも会いそうで途方にくれている時、一軒の藁屋《わらや》があって、そこの雪のような若い美しい女に一命を助けられて、この事を誰にもいうなといわれる。それから何年か後身寄りのない「雪」という娘を世話しているままに若者は娘と結婚して子までもうける。むつまじく暮していたがある大雪の夜、炉辺語りに「やはり今晩みたいな夜だった」とかつての事を話してしまう。妻は全くの雪の精に還って、吹雪の狂う戸外に消えて行ってしまうというのである。

雪国出身の作家はその幼き日をなつかしみ、雪の忍従を体験しているだけに、その小説に取材して圧巻である。作家の葛西善蔵でも太宰治でも雪女の出るような吹雪を感じさせて余りない。雪女は童話から民謡また怪談までに語られている。それは同一素材から出たと思われる話が雑多な形式を成しているといってもよい。

これは少々むごい話であるが雪の怪、雪女郎とでもいうべきであろうか。

越後のある米問屋の長者に、美しい小間使が居て長者の寵愛をうけ、身重になる。ところが長者の妻にそねまれて、村の若者との不義であると奸計《かんけい》された言上《げんじょう》に、長者は立腹して、雪の降る最寒の夜、素裸にして川の橋桁から倒さに吊り下げられ、弄《なぶ》り殺しという非業《ひごう》の死をとげる。それからその霊が吹雪の夜出没してこの橋を通る人を悩ます。ある旅人が吹雪に悩みつつここを通ると一軒の家があって、一夜の宿を乞う。さて歓待をうけ快く眠ったが、フト目を醒ますと、戸が少し開いてそこから雪と風が入って来ているので閉めようと思って床を出て行くと戸外の雪の中に人の気配がするので、見ると若い女がいる。雪のように白い顔、寒中なのに白い肌襦袢一枚で、しかもふり乱した髪、なまめかしい立姿、それが凄艶と笑っている。これを見ると旅人は気絶し、そのまま彼女に連れて行かれる。朝見ると旅人は深雪に姿を埋めたまま凍死しているというのである。

民話の研究家達は「雪の精」を、薄命の佳人とか逆境や不遇に若い命を断たれたり、失った女に仮託してできた物語だといっている。

深雪の錯覚、幻影が次々と伝えられ、炉話などに少しロマンチックに脚色されたものが雪女になり、雪女郎、雪坊主となったのであることは間違いないとしても、雪に閉じ籠められている人々にとっては、むしろ真実性が伴って来る。決して『北越雪譜』の天保年間の越後の塩沢の昔ばかりでない。雪国の都市は別として、山懐の片田舎まで行かなくとも、その町と村との続く道とか、山道、広野などを一人で歩く事があり、偶然、吹雪に遭難するならば、吹雪をさえぎるもののないそこでは、向い風なら呼吸すらつまって、困難になり、眉毛には小さいツララが出来、マツゲが上下凍《こお》りつくし、口の辺は寒さで凍《い》てて、神経がにぶり、物をいう事ができない。そういう年は雪国に育ったものはしばしば体験することである。また後ろか横から吹きつける場合は、呼吸が楽でも、吹雪は外套やマントの布目を通し、冬着を通して、針のような寒風を身に感ずる。それでも、ともかく冬仕度で歩いている時は、運動で暖かいが、少しでも休むとそれこそ寒い、とくに雪中で食事をする時は、弁当でもニギリ飯でも粒々が一つずつに別れてボロボロに凍っている。しかも吹雪は幾重にも雪の幕が自分を中心にして張りめぐらしている感じで、実際一寸先も見えない位なのである。加えて、人馬の足跡がかき消されて道か田んぼか、或《あるい》は凍て川か、ただ一面の白崖《はくがい》で見わけがつかぬ。

感じで歩いているのだから、道を見失なったりすると、あわてて、窪地や川にはまりこんだりして、とうとう遭難することになる。

凍死というものは一番楽な死に方だそうで、ただ眠くなって、睡魔をはらいのけようとして努めている内にこれに負けて死ぬのだそうである。そういう瞬間、確かにあの雪女の幻影が吹雪の中に立つような感じがある。

思っても見ればあの雪の彫刻の樹氷は手足に表情のある頭をかすかにたれ下げた女に見えるのではないだろうか。

吹雪でなくとも例えば夜、音もなく雪の降り積る夜、樹々に積った雪は、それこそ、夢の世界の巨人や美しい白い長い裳《もすそ》を引いたなよなよとした女のように見える。正気でもそこには雪女が確かにいるような気さえする。

私の家に務めていた成田という男は若い頃ある女からうらまれて、冬の夜、その男の家の戸をトントンとたたくので、開けて見ると、その女は白い長い着物を着て、髪をふり乱し、頭に三本のゴトクをのせ、それに蠟燭《ろうそく》を灯して、口には髪をすく櫛をくわえて耳までわれたような感じを出して、夜の雪中に立っていたということである。何か男をのろい殺すという迷信の行動であろうが、だとするとそれこそ生きた雪女にちがいない。

高木蔵速という雪国の詩人に「雪女」と題する田舎言葉がある。

ぼたく〲雪ア降てる晩げネ、居酒屋の前がら丸しめの長男の足跡ア、メねグなたンだド朝ネなたら、断崖（ガンケ）の下に折れだ氷柱（スガマ）コだけえネなっていだンだドセ
この意味は酒に酔って雪の夜道を歩いていると、稚児を懐《いだ》いた雪女が現われて、一寸用事《ちょっと》に行って来るからこの子を抱いていてくれとたのむ、そこでだいてやると次第にその稚児が重くなって雪に降りとめられてそのまま凍死して、翌朝、折れたツララのようにガックリと死んでいたというのである。恐らく、居酒屋の酒に酔いつぶれて眠ったまま凍死したものであろう。

雪は一夜にして二尺も三尺も、あるいはそれ以上も積ることがある。一冬に五、六度以上も屋根の雪下しのある年は大雪だ。大雪の年は豊年だと老人は語る。

寒さがぐっと増して粉雪に風さえ加わる。白い狼が吼えつつ走り狂うにも似た北国の吹雪である。雪にまろんで遊び、吹雪に咽《むせ》び泣きながら、吹溜りを越えて登校する元気だった子供等も、毎日毎日の吹雪のために、雪にも飽いて来る。

そういう吹雪の夜、炬燵にもぐり込んで、たけり狂う音に冴えた目をきょろつかせて、父の昔話を聞いて、やがて逃げるように冷い寝床に入る。床についたものの吹雪の音が耳にこびりつき、背中を風が通るような寒い夜である。冷い足が霜やけとなって赤く腫れ、痒痛《かゆいた》んで、搔けない。泣き声を出す。雪女が来るぞと母がおどかす。何時《いつ》の間にか寝入る。

雪に濡れた冷い足袋《たび》や股引、凍り付いた着物の裾、それらを子供等は寝入った後、母は丹念に

炬燵に乾かしてくれるのである。

深い雪国の穴居生活に育った私には雪女が確かにいると信じられるのは無理もない。

芋銭《うせん》は河童は本当にいるかと尋ねた人を無言で牛久《うしく》の沼に連れて行ってあれをじっと見ていろといったそうである。

ヒマラヤの怪巨人と雪人

竹節作太

身の丈四十呎《フィート》の怪物現わる！　といったような記事が出ていたとしたら、今時誰もが「駄法螺《だぼら》もいい加減にしろ！」と、一笑に附してしまうに違いない。だが、場所がインドの山奥、その高いところから「世界の屋根」と呼ばれているヒマラヤ山中に起った事件だ、と説明をつけたら、「成程それ位のことはあり得るかもしれない」と、肯《うなず》く人も出て来よう。

昭和十一年夏、私達立教大学ヒマラヤ登山隊がインドの最大都市カルカッタに到着した時、前記のような見出しで次の新聞記事が出たのだ。

「ヒマラヤ山中の有名な避暑地ダージリンに程近き村端《はず》れを或《あ》る夜更《よふけ》に二人の土人が歩いていた。突然、行手に現われた大岩に先の土人が衝突して気絶した。後の土人が、ひょいと見ると、その大岩がむくむくと動き出したので、悲鳴諸共《もろとも》、一目散に逃げ帰り報告した。馬鹿なこと、と一笑に附したが、捨ておけず、村人がドヤドヤ現場へ行って見ると、土人の倒れている周囲に、長さ二十二吋《インチ》、幅十一吋というべらぼうに大きな足跡が十二呎の歩幅を保って残されていた。そしてその足跡の地面が六吋もめりこんでいた」

いくらインドの出来事でも桁が外れているわいと、私達は一笑に附してしまったが、翌日また大々的に次のようなニュースだ。

「ダージリン鉄道の終列車を運転して山を下って来た運転手が、前方に途方もない怪物を見て一時はのけぞらんばかりにビックリしたが、直《すぐ》に気をとり直して、一気に轢殺《ひきころ》してくれんと、スピード・アップすると、ふわりと車をまたいで闇に消えてしまった。しかも又、その夜の深更、そこから少し南に下った村の百姓女が、蒸暑くて眠れぬままに戸外に出ると、暗闇にうごめく大怪物！　彼女は悲鳴と共に卒倒してしまった。

現場には、長さ十二吋、幅十一吋、歩幅十二呎の足跡が残されていた。彼女の語るところによると、『怪物はとてものっぽで隠者のように杖をついていた』というのである。

しかも又、次の夜、百姓女の卒倒した村から程遠からぬ百姓家が、地震のように家鳴《やな》り震動したので、戸外に飛び出すと、屋根に檳榔樹《びんろうじゅ》の大木が倒れかかっている。取り退けようと近づくや、その大木がむくむく動き出した。大木は大怪物の足であったので二度びっくり、大声で村人を呼んだ時は、怪物は家を跨《また》いで足早に消えてしまった。

騒ぎは大きくなって大怪物征伐の義勇軍が組織されるほどまでになった。大怪物は見た人によって形が少々異《ことな》っていたが、人間かゴリラのように二本足で歩いていたし、その足跡から想像すると、身の丈四十呎はあろうという点に於ては大体一致した」

二、三日後、私はその怪物の足跡を青写真にしたものを見せてもらったが、五本の指があって、各指の間が割合に開いている。兎《と》も角《かく》、途方もなく大きなもので、人間の足型に似ているしゴリラのそれにも似ているというところもあった。

「まだ、こんな怪物が生きていると思うか?」とインド人に聞くと、「確かに居る。昔三十呎位の人間は珍らしくなかった。それが証拠には、インド西海岸のマラバル・コーストには四十呎からの寝棺が発掘される」と真顔で答えた。

私達の雇ったダージリン人夫も以上のことを認め、次のような話をしてくれた。

「世界唯一の謎の地、ヒマラヤの雪山から西蔵《チベット》へかけて、凶悪獰猛《どうもう》な雪人が棲んでいる。この雪人は全身真白な長毛に覆われていて、人間だろうが犛牛《やく》(西蔵地方の高原に野生として家畜として棲む牛の一種で、全長四米《メートル》に及ぶものもある)だろうが、見たらたちどころに、その心臓を食ってしまうから、見つかったら最後、生命はないものと諦めなければならない。

私達の仲間で、雪人にとりつかれて死んだ者も多数あります。

一九二二年第二回エヴェレスト登山の英国隊に従って行った四人の仲間が、二万三千呎附近の最も凄い氷壁の近くで雪人のために生命をとられたし、その後、エヴェレストでもカンチェンジュンガでも度々《たびたび》仲間がさらわれてしまった。さらわれた仲間も雪人となって、今度は私達をさらいに来る。私達が氷壁に囲まれたテントの中に居ると雪人が襲って来るのです。

風もないのにテントをバタバタと叩く。煙草を吸うのが暗闇の中に見える。こんな時、私達は一心不乱にお経を読んでこの恐るべき雪人から逃れようとするのです。雪人が雪の上を歩いた足跡を見た者は少しはありますが、その姿を見た者はありません。いや、見た者は必らず雪人に殺されます。足跡は大きくて人間のとよく似ていると言われます」

ヒマラヤで多年雲や霞《かすみ》を食って成長した大怪物、其奴《そいつ》を生捕ったら、それこそキング・コングかネス湖の怪物を生捕った以上に人気が出るわい。それにしても奴等はやっぱり未開人だわいなどと、表面ではせせら笑っていたが、実は内心ビクビクものであった。何しろ、その未開の山中にこれから分け入る身であったのだから。

そして、遂にはそれに類する事件にぶつかってしまったのだ。

私達はいよいよナンダ・コットの山麓に到着、まだ晴れやらぬモンスーンと闘いながら、第一、第二、第三と逐次《ちくじ》キャンプの高度を高めて行ったが、一万九千呎の第三キャンプから第四キャンプ地と予定した二万呎の地点に到る、二人と列《なら》んで歩けないほど狭い北尾根には百数十呎の氷壁が重なり合って登路を阻み、如何《いか》にもがけどもそれから先へは登れない。かてて加えて、猛烈な雪嵐に閉じ込められて十日間ばかり動きがとれなかった。

それは殊にひどい嵐の夜更であった。(この夜は第三キャンプには堀田、浜野、アンツェリンの三人が泊って居たが、誰もが眠れぬままに、あちこちと寝返りを打って、早く夜が明けてくれるようにと祈っていた)。

今迄睡《までねむ》って居た筈《はず》のアンツェリンが、ガバと跳ね起き、隣の浜野君を揺り起し、「旦那《サーブ》、恐い、ヒマラヤ・アドミが来た!」と、戦《おのの》きながら言うのだ。浜野君は、何のことやら判らず、「こら! 寝呆けるな」と、そのまま横になって居ると、又々、アンツェリンが揺り起し、「そら!

聞えるでしょう？　テントの外を歩く音が……と、眼を皿のように真剣な顔をするので、浜野君も気になって、テントの外にじっと、聴き耳をたてると、微かながら「エエッ！」というような声が聞えた。怖《こ》わ怖《ご》わながらも懐中電灯で外を照らすと何も見えなかった。その夜アンツェリンは遂に一睡もしなかった。

翌日、元気なく起き出した彼は「私はヒマラヤ・アドミにとりつかれたから病気になるでしょう」と、前置きして次のように語った。

「灰色の馬に乗って、ヒマラヤの谷をどんどん下って行った。途中で見つけた白馬に乗り換えると今度は谷を登った。そこには火がさかんに燃えていた。この夢から判断すると、ここ数日私にとってよくないことが起り、それが過ぎれば元気になる。即ち、下るという意味は悪く、登るとか火が燃えることは吉の前兆だ」

アンツェリンは果して三日後には高山病から軽い肺炎となって第一キャンプに下ってしまった。

「ヒマラヤ・アドミって何だ？」と、ナルサンに聞くと、

「昔からヒマラヤに登って死んだ人々の霊が登山者の前に現われて、彼等をもアドミの仲間に誘うのです。お聞きなさい。こんな例は沢山あります。一九二二年第二回エヴェレスト登山隊に従って死んだタイガーのラクバの弟が翌々年の第三回登山隊について第一キャンプに達した或る夕方、ラクバがテントの外に一人立って居ると、テントの中から「ラクバ、ラクバ」と、呼ぶ声がするので、覗いて見ると誰も居ない。変だなあと思って居ると又「ラクバ、ラクバ」と、呼ぶ。それは死んだ兄の声であった。それから二、三日してラクバは死んでしまった。また、ある

時は夜更にテントの周囲をバタバタ叩いたり、平手でテントを叩いたり、暗夜に煙草を吸う火が見えたりした。それから前に遭難者のあった地点に、同じ時刻に行くと、必らずヒマラヤ・アドミにさらわれてしまう。いや、決して嘘ではありませんタイガーの誰もが信じて居るのですから……」と、真顔で話してくれた。

如何に文明世界から隔離されたヒマラヤ山中でも、今時そんな幽霊めいた話など実在しよう筈はないのだが、西蔵、ネパールなどの土人の、山に対して抱く信仰や迷信は、私達の想像を絶した神秘的なもので、これに対しては、門外漢の意見などさしはさむ余地は更にない。うっかり彼等の迷信や信仰を冷かしたりしようものなら、機嫌を損ねるか却って敵意をもたれるのみだ。

野槌騒動

山の妖怪の正体

斐太猪之介

私が子供のころ、飛騨の古川の実家の囲炉裏《いろり》ばたで、俗に物知りの母から、いろいろ怪奇な話を聞いた（そして、その謎解きを趣味とするようになったのがもとで、新聞記者になってしまったようである）。

母は門徒のコチコチではあったが、その話の内容は、お坊さんの、こけ脅しの受け売りではなかった。だいたいが宿屋の娘として育ったので、旅人の落していった珍奇な話を、あれこれ継ぎ合せたり、疑問の点は、別の客から意見を求めたりして、自分なりに納得のゆく筋立てを作っていたようにも思われる。

たとえば、トカゲが年経て天に昇り、空の魔王になるのは春の行事であることや、またタヌキが早春のころに、小豆を洗うのは婚礼の準備をするんだというような話は、それぞれ季節と生態に理由があったが、その中にノヅチという怪蛇が旅人を襲う話もあった。

へビは細長いもので、うねり進むものと思っていたが、ノヅチは、ワラを打つ木製の槌《つち》のようなもので、体が太くて短いので、斜面をころがってくるという。どこの国の話だったか忘れてしまったが、草山の急斜面を飛んできたノヅチに、旅人が足を咬まれて死んでしまったというのである。

小学校三年生くらいの時に聞いた話であったが、妙に、その怪物のコロコロした姿が、私の念頭にこびりついていて、後年山歩きが好きになって、枯草山の斜面を横切る時など、ふと、何十年も前に聞いたノヅチを思い出すこともあった。

さあ、もう十年も前の夏であったろうか。渓流にはアマゴやウナギが多く、密林ではクマ、カモシカ、イノシシ、シカなどの足跡がみられる三之公《さんのこ》谷へ遊びにいった。

山守りであり、猟名人である西浦房太郎老の体験談は、いつも面白い。その日はアマゴのほか、捕えたばかりのマムシがあったので、それを付焼きにしてもらい、谷水でウイスキーを割って飲んでいた。マムシがウイスキーの肴に、ぴったりであるということから、その夜の囲炉裏ばたは、もっぱらへビの話になった。

三之公の奥から三重県側へ台高山脈を越えた不動谷には大蛇がいる。カモシカの仔を銜《くわ》えて岩崖を這っているのを炭焼きがみたとか、シカ狩りにいった猟師の犬が、大蛇に追われて逃げてきたので、頭へ散弾をぶち込んで、山を駈け降った、というような話の後で、私も耳のある黒いへビの話をした。奥吉野の大峯山の下の谷に、明らかに耳のようなものがある大きなへビがいて、淵の底で、ヒキガエルを銜えていることがあるという洞川《どろがわ》部落の猟師の見聞談を伝え、

「日本にも、まだ学者の知らないヘビがいるんだなア」

と相《あい》づちを打った。

——おるともヨ、三之公やって、マムシどころではない、体中の鱗から乳のような猛毒を浸み出す金茶色の奴がおるで。

あいつは嫌いや。あの毒に犬がさわったら最後、くるくる回ってアワ吹いてのう、ぶっ倒れてしもうわ。

この時、一緒に囲炉裏を囲んでいた息子の政男君が、ひと膝のり出した。

——おれも変なヘビみたぜ。

去年の夏、この奥の明神の滝へ、アメノウオを突きにいってよ。さっぱりおらんじゃで、横巻き道を上って、滝の頭へ出たんよ。あそこは、岩場の中のナベ（瓶穴）を、割合浅く水が流れとるが、その水の中にアオバトが沈んどるじゃないか。

あれッ思うて、銛《もり》でつついてみたら、なんと、その鳥をワラ打つツチノコ（槌の子）みたいなヘビが銜えてるやないか。さア、ビールビンほどの、短こうて太い奴やっちゃ。

色は、辺りの岩みたいで黒っぽくみえたがよ、何せ、ぐねり強ようてよ。

おれァ、銛で背中をぐさっと突いてやったが、どういうもんか、ぐんねりと脱け出てしまう。

何回突いてもおんなじや。

もっともさ、銛竿は細い竹だで、しなって力は入らんが、そのヘビはとうとうハトを呑み込んで岸へ這い上ってきおったわ。

首が小そうて、尻尾が急に細い怪物や。あの辺りは、カシの大木が茂って、うす暗いやろ、ああ気味が悪いなア思って見とると、そいつが川岸にあったヤマグワやったか、コケのついた若木へ巻きついて、だんだん登ってゆくやないか。あんなビールびんみたいな体でなア。ますます怖気《おぞけ》ふるったおれは、ひょっとしたら、こいつは明神の主《ぬし》やも知れん思うてのう、そのまんま逃げてきたわ。いま思うても気味が悪いのう。

私は、この体験談を聞きながら、母の炉辺語りに出たノヅチを思い出した。アオバトは深山の樹上で木の芽をついばむことが多いので、なかなか地上へ降りない黄緑色のハトだ。恐らく水浴びに流れへ舞い降りたところを襲われたものであろうが、小さいへビがハトを呑めば、かなり胴中が脹《ふくら》むはずである。母のいうノヅチみたいなへビが現存しているとは、にわかに信じ難い――と、その怪物の話は、それっきり、心の片隅に置き忘れてしまった。

それから、またひと昔を経た去年の秋、前々から日本オオカミの情報を伝えてくれる大阪の青泉社という書店の社長、紀村落釣さんと、久しぶりに会談したが、そのとき「ツチノコという山の怪物がいるので、われわれ渓流釣り仲間で捜している」という話を聞かされた。

私はツチノコという言葉を耳にしただけで、電撃を受けたように、忘却の五十年を逆戻りして「やはり現存していたか」と思った。ツチノコとノヅチは、地方によっていい方は違っても、同じものであることを知っていたからである。

紀村さんら八人の渓流釣り団体は、俗にノータリン・クラブと呼ばれている。彼等は近畿地方の谷という谷は、くまなく踏破し、山陰、中国、四国、北陸、中部、吉野、熊野、北海道、それに今度は台湾遠征も計画中とか、恐るべき脱俗の釣り狂仲間である。彼等は乱獲を防ぐために、毛鉤や疑似餌釣りを身上とし、それも、小鳥の雨覆羽の何番目の羽を、何センチにして毛鉤を巻くとヤマメが食い、タカの羽軸の一部に、ある種の金属を入れて疑似餌を作るとアマゴがよくかかるというような研究競争をもって釣り紳士の誇りとしている。従って、釣り狂といっても、山の動植物の研究も熱心で、珍草奇獣の追求にも情熱を燃やしている。探検学者の今西錦司さんや釣の友社の山下糸竿さんらを顧問にいただいて、暇さえあれば谷歩きだ。女房殿へのサービスを放棄して、もっぱら山を愛することに徹しているので、女運の悪い連中で、特に会長たる者は、一度は女房に逃げられた経験者でなければ就任できないという内規をもうけているという。女と靴下が強くなった現代においては、珍重すべき〝不穏の徒〟である。

その〝文化的反徒〟の頭目は、京都の染色工芸家山本素石《そせき》さんだが、その素石さんが、最初にノヅチ騒ぎを起した張本人である。彼は、数年前加茂川の上流へ、アマゴ釣りにいってノヅチに出会《でく》わした。もちろん私のように、幼少から話を聞いていたわけでもなく、ヘビ類に興味をもっていたのでもなく、いきなり怪物と対面して、ノヅチの呪いにがんじがらめになってしまった。そしてノータリン・クラブ即ち自然愛護連盟の名において「こんな姿のノヅチというものをごぞんじですか。生け捕った方には十万円、死骸を持参の方には五万円を差上げる」という懸賞捕獲ビラを、各地の山村にばら撒いた。

ノヅチについては、昔の百科辞典ともいうべき和漢三才図会がミミズみたいな姿を描き、大要次のように解説している。

ノヅチヘビ。深山に住み、木やぶの中にいる。大きなものは径五寸、長さ三尺。頭と尾が同じ大きさで、尾は尖らず。ツチに似て、柄《がら》がない故にノヅチという。吉野山中の菜摘川は清明の滝辺りで時折見られる。口が大きくて人の足を咬み、坂を走り下って人を追う。ただし登りは足遅き故、出会えば、いそぎ高所へ登るべし。四足のある合木蛇（?）の仲間か。

さて、素石さんのみたノヅチは、どんなものであったか。私が直接お目にかかって聞きとったところでは三之公谷で西浦政男さんが出会ったヘビと、ほぼ同じであるが、三之公のは大人しく、素石さんの方は攻撃的であった。

昭和三十六年の八月下旬、素石さんは、加茂川の上流で、昔からシシ猟場として知られている雲ガ畑部落へヤマメ釣りにいった。京都から川沿いの道をバスで、部落までいって、釣りながら逆戻りするのが普通のコース。

雲ガ畑には、シシ肉を食べさせる料理旅館もあって、八十戸ほどの平和な山村であるが、夏も涼しく、流れは澄明なので、祇園の酔客が渓流に冷やしたビールを飲むために自動車を飛ばすような観光地ともなっている。従って、山紫水明ではあっても深山幽谷ではない。

素石さんは、この部落でバスを降りた。そして県道に沿って京都の方へ三キロほど釣り下った。大岩というバスの停留所辺りから、流れには鞍馬石の巨岩が露出した佳景が続くが、川筋最高の絶景の中でお腹が痛くなった。美景を汚しては、という配慮から、彼は川原に竿やリュックを置くと、バス道へ上り、栗夜叉《くりやしゃ》谷の杣道《そまみち》へ入った。谷の流れと杣道の中間には、小尾根が延びていて、その斜面には二十年生くらいのスギが植林してあり、下生えはササ、ツツジ、サカキなどの藪《やぶ》になっていた。

昼さがりである。暗くも明るくもない平凡な日影の小道を、八十メートルほど、体を隠せる恰好の場を求めて歩いたが、どうも思わしい場所がみつからない。ジージーゼミの降るような合唱の中で、ミチオシエの美しい小虫が、足先から、すーっと飛んでゆく。それにつられるように二、三歩進んだ時、右手の斜面の草むらからヒューッと鞭打つような音が起ったかと思うと、榾《ほた》のようなものが、キラッと光って飛んできた。思わず飛びすさった小石道に、ばたっと音をたててヘビのようなものが着陸した。素石さんは、自分の立っていた、その場所へ飛んできたんだから、当然狙われたものと感じ取ったが、身軽でなかったら体当りを喰ったに違いない。

ヘビか、トカゲか。何とも気味の悪い姿だ。

体長四十五センチか五十センチ。ビールびんほどの大きさの褐色の胴体に、大人の手指三本ほどの平たい三角形の頭がついている。背筋が目立って高くなっているので三角形の筒をみるようでもあるが、背中の鱗には黒斑がある。十センチほどのネズミの尻尾のようなものをピンピン動かして、目玉をギョロッとむく、動く度《たび》に、上目づかいに、ちらちら見上げるんだからたまらない。明らかに敵意というか、攻撃の隙をうかがっているようにおもえて怖気をふるった。

怖くなると、もう用達《ようたし》することも忘れて一目散に県道まで駈け降った。

それ以来、彼は山へ釣りにゆく度に、この怪物のことを思い出していたが、秋になって、再び今度は、同じ加茂川上流の貴船の方へ釣りにいった折、鞍馬の手前の二瀬部落で、山稼ぎの老人と道連れになったので、栗夜叉の奇怪な爬虫類をみたことがないかときいてみた。

すると、その老人は、意外に驚きもせず、さも当然であるかのように、

――あそこで出会ったってか、ツチノコや。

うんともよ、昔からおるんやぜ。

ツチノコはのう、夜泣峠のカヤ場が巣でのう、この辺りの者は、あのカヤ原だけは、昔からうっかり入らんことにしとる。

崖から飛んでくる奴に当ったら、咬まれて死んでしもうぜ。

夜泣峠はどこかって？　あんたの出会った栗夜叉谷の杣道を一キロほど登った所で、広いカヤ場があって、辻を越えると、この二瀬やがなア。

五反歩《たんぶ》ほどのカヤ原やが、そこから遊びに出とったんやな。

「ツ・チ・ノ・コって、姿に似ぬ可愛らしい呼び名ですなア」

――わらを打つ木の槌に似とるんでツチノコというのやが、野原のツチノコやからノヅチという人もおる。北山方面のもんは、昔からよう知っとって怖がっとるんや。

山本さんは、帰宅後、動物図鑑を開いてみたが、むろん、そんな怪物のことが書いてあるわけはない。そこで、学者が認めていない爬虫類として、こんな姿のものを知らないかと釣りの雑誌に投書したところ、意外に反響があった。そして、ノヅチは、近畿、中部、北陸の各地で、昔から知られており、その名前も摂津から三田《さんだ》方面へかけてはゴハッスン（五八寸）といって、体長二十四センチ余、胴の幅十五センチ余りの妙な毒ヘビといい伝えられており、越前の九頭竜川流域から岐阜県の奥美濃へかけてはコロ、崖から転がってくる槌のような無毒のヘビ、丹波ではス

キドコ（鋤床）――鋤の歯先を痛めないように枕をさせる短い丸太に似た毒ヘビといい伝えられている。さらに滋賀県では、飛んでくる時の音からかドテンコ、京都府下はツチノコといっているが、毒の有無は、地方によって違っていた。

さて、このノヅチの話が山好きや釣り好きの間に広まって、京大防災研究所火災研究室の安藤直次郎先生も、ノヅチの現存を信じている一人であることが分った。早速、グループの代表が安藤先生を訪ねてみたら、安藤先生は、素石さんがみた怪蛇と同じものをみた人が二人あると教えてくれた。

当の安藤先生は、古くから京都市左京区下鴨貴船町に住んでいるが、亡父からノヅチの話を聞いた。この辺りは、五十年ほど前までは、水田も原野もある田舎で、キツネやタヌキも出没していたが、うっかり藪へ踏み込むとツチノコという毒蛇に咬みつかれるから、山で遊んではいけないとたしなめられていた。

ところが、戦争中の昭和十七年の十一月、近所の榊原秀夫さん（現在四十歳位）が、高尾の沢ノ池近くで、珍しいヘビに出会って逃げてきたという話を聞いて、子供のころ、父親から聞かされたツチノコを思い出した。

榊原さんの話――周山《しゅうざん》街道を沢山《さわやま》への杣道へ入ったところ、約二キロほど歩いて、もう山麓の沢ノ池の池畔の赤松林がみえるところへ辿《たど》りついた。そこは細い杣道の右側斜面が岩崖になっていて、道端に突っ立っている高さ二メートル、横一メートル半ほどの黒っぽい大きな岩が目に入った。

あまり人の入らない山なので、おっかなびっくりで歩いていたので、一歩一歩慎重に、通り抜けようとしたところ、その大岩の出張った個所から、何かがぶらさがって動いている。黒い時計の振子が、ぶらんぶらんしているようにみえるが、よくみると、目もあり鼻もあるヘビかトカゲのようなものだ。握りこぶしより少し大きい怪物が、細い尻尾を岩の凸部にひっかけて、体を揺さぶりながら目は光らせているのだ。

道は、その下を通じているので、このまま進めば飛びかかってくるような気がした。それで小石を拾って、二つ三つ投げてみたら、その怪物は、岩の背後のウラジロの密生した藪の中へ転がり込んだ。

——やれやれ、うす気味の悪いものに出会ったが、さてなんだろう。

と二、三歩踏み出した時、その怪物は、いつの間にか岩上へ戻ってきて、岩のてっぺんに大きな顎をのせて、こちらを睨んでいるではないか。

——性根《しょうね》のある奴や。向ってくるかも知れんぞ。

と、急に怖くなって道を引き返してしまった。この怪物の体は黒灰色だが、顎の下は白っぽい。顔にピカピカ光るものが四つあるので、最初は四つ目かと思ったが、目と鼻の穴が光っていたのだろう。体長は頭から尾部まで約四十センチ。おかしなことに、頭と首と胴体の区別がつかず、オタマジャクシのようにみえたのと、顎の張っているところが印象的で、土俵上の麒麟児《きりんじ》みたいに、凄味と愛嬌が同居している感じであった。午前十時ころで、岩崖付近は、割合明るく陽が射していたが、とにかく、この谷を足早やに戻って、午後家へ帰った。ちょうど比島《フィリピン》のコレヒドールの陥落号外が出た日だったので、コレヒドールの写真をみながら、こんな姿のヘビに出会ったと家族に話したことをハッキリ覚えているという。

榊原さんは私に「岩角に尾をかけて、体を左右に振っていたが、あの高さからだと数メートルは飛べると思った」と語った。

安藤先生は、この人の話を聞いて、ツチノコの現存を信ずるようになったわけだが、一昨年、京都市の消防局で、ツチノコについての素石さんの懸賞捕獲のビラが話題になった。その席上、左京区保健所の某係長が、滋賀県の太神山《たながみ》（約六〇〇メートル）でみたという怪蛇が、やはりツチノコらしいことを知った。この話の内容は、私が直接聞いたものでないので名前を掲げないが、その係長は、大津から富川を遡って太神山の谷間へ入った。ところが、谷間の入口で山仕事をしていた百姓さんが「この谷を奥へ入ると、太い短いマムシの一種がおる。咬まれると死ぬから入らんほうがよいぞ」と注意してくれた。しかし、その係長は渓流釣りの好きな人で、各地の深山を歩いているので、そんな怪物の話は問題にせず、夢中で、奥へ奥へと釣り進んでいくと、正午ころ、渓流の岸で、人間が鼾《いびき》をかいて昼寝しているような音を耳にした。

変だと思って、音のする方をよくみると、岩の上の陽の当っているところに、木槌のように、短くて太いヘビが「のの字」形になってねていた。マムシの一種とは、こやつのことかと合点して、小石を投げつけた。ところが、小石がカチンと岩に当って鳴った時、その怪物は、瞬間体を縮めたかと思ったら、岩上から二メートルほども跳躍して、攻撃してきた。もちろん、その人は、びっくり仰天して逃げ帰ったというわけである。

一方、亀岡市の王子や篠野部落でもノヅチをみたという人が、年寄りや若衆を含めて四人ほどいた。十年前に竹藪でみた人の話では、姿は前記同様だが、赤い口をあけ、尻の部分で立ち上って、犬を追っかけてきたそうで、大変攻撃的な怪物として恐れられている。

滋賀県高島町の蛇ガ岳（九〇二メートル）周辺にいるというドテンコは、飛んできてドテンと落ちると、体を左右にふりふり、チィーチィー鳴いて追っかけてくるという。亀岡の場合と同じような説明である。また三重県名張市上太郎部落の人で、名張川上流の草原で十年ほど前にみたという人の場合は、どういう動物か自分も知らず、部落にも知った者がいなかったが、蛇ガ岳周辺の話のように、草原の斜面から飛んでくる攻撃的なヘビ様のものであった。

これらの話に対して、岐阜県郡上郡白鳥町石徹白《いとしろ》の金山師、金子国兵衛さんが、白山山系毘沙《びしゃ》門《もん》岳の南東斜面で出会ったノヅチは、いささか違っていた。

国兵衛さんは、名前通り、金鉱探しに一生をかけている人なので白山周辺の山は、どこも歩き尽している大胆な爺さんである。彼の出会ったのは、胴が一升びんほどの太さで、長さは六十センチほどあったというから、各地のノヅチの二倍の大きさであり、大人しいヘビで、二度も同じ杣道へ出ていたが、二度目には、手づかみで谷へ投げ落したと話している。近くの部落の人が、懸賞がついているというので、昨年捕えて部落へ持ち帰ったというのも、杣道の岩の下に、輪になって寝ていた大人しい奴であったという。しかし、九頭竜川の電源開発工事場で働きつつノヅチを求めているノータリン・クラブの田村竹石氏がかけつけた時は、部落の人が、余りにも気味悪がるので「捕えたすぐ来い」と打電はしたものの、残念ながら写真も撮らずに、再び捕えた山へ放ってしまったといわれている。これらの話から推察すると、やはり爬虫類の中にノヅチと称すべきものが現存しているように思える。

跳躍して襲うという習性は、ヘビではマムシの例があり、トカゲやカナヘビは、あの長い尻尾で一メートルは楽に水平飛行して、空中に飛んでいる昆虫を捕食する。トカゲが空の魔王になるという母の炉辺語りも、そこから起った物語りである。南方のジャングルにはトビトカゲがいて、前足の腋《わき》についている羽膜《はねまく》で、バッタのように樹幹から樹幹を飛んでいる。爬虫類から原始鳥が生れたのだから、高い場所から跳躍してネズミ、小鳥、ウサギなどを襲うヘビがいても別段おかしくはないはずである。

白鳥町で山本さんたちが聞き集めた話の中に、ノヅチの死骸をみた人がいるが、それによると、ノヅチの骨格は、まるで三角形の竹籠のようであったというから、極度に集約された肋骨のような骨が、腹部の大きな鱗を強力に動かして跳躍する仕掛けになっているのかも知れない。そしてノヅチは、木の股、岩の上などにいて、数メートル離れた高場所から獲物をみていて、一跳躍で飛びかかり、やはり毒歯で咬んで倒す性質だと思われる。巻きしめるだけの体長がないから、毒歯がなくては相手を殺せない。しかし、非常に原始的なヘビだから、獲物を呑んだら、すべての爬虫類がそうであるように、動くのも嫌だという位に動作がにぶくなり、大人しくなるものと考えたい。すると前記の有毒、無毒の二様の見方も辻つまが合う。

このようなヘビは、環境の変化に適用性がないので、ウサギ、ネズミ、キジ、ヤマドリ、ヤマバトなどの沢山住んでいる世界でなければ生き残れない。昔はかなりいたが、いまは滅亡寸前の日本オオカミのように、幻の生物となりかかっているのであろう。

かつてディズニーの「生きている砂漠」という記録映画でみたが、メキシコの砂漠に、短い丸太ん棒のようなヘビがいるのをみた。これは、尻と頭を交互に起点として、棒を半回転させるようにして、意外に早く進んだが、それを見た時から、私は母から聞いたノヅチというものの実在を信じるようになった。

メキシコの場合は、バイパーの類で猛毒をもっているそうだが、沖縄にも仁丹の体温計形の「ねむりヘビ」という奴がおり、アフリカのサバンナにも猛毒をもった同形のヘビがいるといわれる。もしノヅチが現存すれば、何れ《いず》も親戚筋のヘビであろう。

山本素石さんたちは「ノヅチ捕獲器」を完成したので、この五月から、各地にしかけて捕えたいと語っている。いや、ノヅチといい日本オオカミといい、そういう幻の追究は楽しいことである。金儲けや博士号をとるためではない。山に夢をもてば、辛苦の一歩一歩も楽しくなる。人生に夢多ければ八十年も夢幻の如くである。が、日本オオカミよりノヅチの方が発見の可能性が強いようで、それは幻の動物から捕獲寸前まで進んでいるともいえそうである。

なお古事記には野の神として「野槌神」が記録されている。伊邪那岐《いざなぎ》、伊邪那美《いざなみ》両神の国生みのあとに、四神を生む話があるが、野槌神は鹿屋野《かやの》ひめ、または草野ひめの別名である。夜泣峠のカヤ原が思い出される。このように古代には、野槌は野の神として扱われていたのである。

山の不思議

島影　盟

ブロッケン妖怪

山高きが故に尊くはないにしても、高山深山なればこそいろいろの不思議がみえる。この春にも、東朝（東京朝日新聞）は次のような報道をしていた。

「富士山にブロッケン妖怪の現象がほんの一瞬沼津地方で観測され、噂の種となったが、またまた山頂に約四分間に亘《わた》りこんな現象があった。――その時は西北の風晴れたり曇ったりの午前十時六分、沼津電力区に出張中の新橋電力事務所の書記上垣長之助氏が、真正面に見える富士山を望遠鏡で眺めていると、左方に真白い薄雲が現われて、みるみるうちに約四分の一位の富士山と愛鷹《あしたか》山の幻影が現われた。あれよあれよという間に、同十分消えてしまったという。沼津測候所でも珍しがっている。」

ブロッケンというのは、三月一日の前の夜に魔女が集まるといい伝えられる、ドイツのハルツにある山の名だが、このブロッケン妖怪は魔女とは関係がない。一種の蜃気楼《しんきろう》現象だ。登山者は、高い山の頂《いただき》で、自身の姿が大入道のように拡大されて、雲の上ににゅっとばかり浮《うか》び出るを見て驚くことさえある。

飛驒から越中へ行く山の中には、お化け谷と呼ぶ所がある。一人では解らないが、何人か同行してその谷に入って行くと、同行者の顔が互に四角に見えたり、円く見えたり、細長く見えたりする。土地の人は見慣れているので別に驚かないけれど、他からきた人は、真面目にそれを妖怪と思ってしまう。

実際に顔の形が変ったら大変だが、谷を通り過ぎれば元通りの顔になる。山の地形と光線の作用なのだ。

加賀の白山にはもっと妙なことがある。雲を突いて聳《そび》える峰々の中で大汝《おおなんじ》というのが一番高いが、それに次で隠汝《かくれなんじ》という峰がある。峨々たる峰々の間からちらりと顔をのぞかせて、媚《こ》びるがように手招ぎしているのだが、四つ足なら知らないこと、四つん這いを忘れた人間にはとても登れそうもない。大汝の方は高くても嶮《けわ》しさがまだそれ程でないので、山に慣れた者なら登れるが、大汝から隠汝をよく眺めようと思うと、そこの光景も形状もすっかり変っていて、どれを隠汝とも見定め難い。隠汝の名のある所以《ゆえん》だが、様子が変って解らないというより、隠汝そのものが消えてなくなっているとしか思われないのである。

渤海《ぼっかい》にあるという仙郷の蓬萊《ほうらい》は、遠くから望めば一抹の紫雲の如く巍然《ぎぜん》として海上に浮んで見えるが、近づくとその所在が解らなくなるとされている。恰度《ちょうど》それに似た話だが、一説には、大汝と隠汝とは本来一つの峰であって、それを別々の方角から見て区別したに過ぎないともいっている。山の勇士が出て確めて貰いたいものだ。

怪しの高山病

登山者や山で働く樵夫《きこり》などが、今のいままで元気だったのに、急に恐しい空腹を感じたと思うと、手足の自由を失い、口もきけなくなって、その場にうち倒れてしまうことがある。

一経験者は

「山路を来て、例の難所へかかったところが、急に激しい空腹に襲われ、全身に疲労が一時に出て手足はしびれすくみ、一寸も動けない。強いて足をあげると、自分の足とは思えぬ千鈞《せんきん》を曳《ひ》く重さ、手を動かそうとすれば、手はまるで縛られたようである。」

と語っているが、これこそ高山特有の妖怪病で、土地により、天狗に襲われたとか、魔に触れたとか餓鬼が憑《つ》いたとかいっているものである。

その時、握り飯の半かけでもいいから口に入れれば、大抵即座に恢復するが、さもないとそのまま餓死しなければならないようなことになる。人っ子一人見えない山の中での餓死、それも変な妖怪病で……こいつはあまり気の利いた話じゃない。頻々《ひんぴん》と伝えられる山の遭難には、この妖怪病を原因とするのも少くないと思われる。

餓鬼除けの咒《まじな》いは、どんなに腹が空いていても、弁当を全部平げてしまわずに、いくらか必ず残しておくことである。変り易い山の気象や気圧が空腹に影響して、神経を麻痺させるのだから、食物で元気をつけるのが一番なのだ。

アイヌの沼

生活と信仰が一つであるアイヌは、いろいろ神秘な話を持っている。その中でも、いま猶《なお》神の棲む山の沼程奇怪なものはあるまい。

有名なのは幌尻《ポロシリ》岳のそれで、幌尻岳といえば、日高と十勝に跨《また》がって分水嶺をなす脊梁山脈中の最高峰である。その山嶺に漣沼《さざなみぬま》という大沼があって、川魚は勿論のこと、そこには海の魚が棲み、海草類まで生えているといわれ、海草類ときては、水中にあってこそ海草だが、岸に上ると蛇になって、うねり廻るというのだから気味が悪い。

山と共にその沼を支配しているのは幌尻神《カムイ》で、山を穢《けが》されるのを嫌い、霧や雨風に閉じこめて、人の近づくを許さない。たまに山深く登る者があっても、道に迷うか、行方不明になる。無事に戻ったと思うと、神罰で重い病気の床《とこ》に寝込むのが常である。

ユーラップ岳の話もそれに共通したものだが、実話として、一昨夏、八雲部落《コタン》で熊狩りの名人のアイヌから筆者が直接聴いたままをここに語ろう。

ユーラップ岳の怪獣

夏でも氷を溶した様に冷たく澄んで、秋は潑剌《はつらつ》とした妙齢の鮭が列をなして上ってくるユーラップ川、それは駒ケ岳の化粧鏡である噴火湾に注ぐ川の中で一番大きい。そのユーラップ川を五六里程も遡った水源地がユーラップ岳で、最初の発見者の所有に帰するという熊の穴が何百とあり、アイヌにとっての宝の山だった。

「そんだが、深入りはならねえぞ。あの山には、八雲アイヌの暮しを護って下さるオヤウカムイがござるだから……」

古老連はこういって血気の若者《アンコ》を戒め、それは昔からの厳しい言い伝えであった。けれども、いかに伝統のあるアイヌの熊だからといって、獲っても獲っても無限であることは出来ない。保護しないで狩りたてる一方だから、急激に減ってくる。熊の穴だけは五六百もあるだろうが、この頃は空家ばかり多くなって、ものの十頭も獲れれば運のいい年としなければならないのだ。

これでは、好きな酒だって碌々《ろくろく》飲めやしない。

アイヌの熊狩は、普通、二月から四月にかけて、北海道で堅雪《かたゆき》とよぶ、積雪の表面がかちかちに氷結する時期に、各自の持ち穴を見廻って、穴ごもり中の熊を狙うのである。慣例の徳川義親侯の熊狩もここで行われるのだ。

熊が穴ごもりに入るのは十一月も末の頃で、雪が二三尺も積り、いよいよ何も漁《と》れなくなるまで、食物を求めて山野を徘徊している。それを撃ち捕るつもりで、シルイカは穴狩の時期を待たず、大胆にもただ一人ユーラップ岳にもぐり込んだのだった。

猟具は怪しげな二連発の村田銃に腰の山刀《マキリ》、糧食のサッチェップ（鮭を裂いて干したもの）は四五日分用意したが、別に深入りする考えではなかった。

雪はまだ浅くて、生々しい熊の足跡には黒い土の肌が現われていたりした。サルカニを食い潰した跡や、ニホを噛《かじ》り散らした跡も何度か見たが、本尊の熊の姿はさっぱり眼につかない。

高さは僅か一一一七メートルに過ぎないが、前人未踏の山とて、方角を定めるのもむずかしく、身の丈の二倍もある熊笹の藪《やぶ》を分けて進むうち、知らず識らずに禁断の魔所深く誘い込まれて行った。

気がつくと、岩脈の連互が行手をがっしと塞いでいて、白樺《ガンピ》などはその上から逆さに生えている始末だ。しかし、そんなことには山を職場とするシルイカは驚かなかったが、彼の第六感は、その辺に変な妖気を感じた。恐しく思い乍《なが》らも、彼はその妖気にずるずると惹かれた。

岩脈に沿って、やや下り気味にしばらく辿《たど》って行くと、前方に現われたのは、予期した通りの沼だった。

恐る恐る近づいてみると、沼の水は生温く澱《よど》んで、いくらかうす赤く、血のようにねっとりしている。その中からもっくり頭を出したものがある。水鳥か？　と思ったら、そうではなく、何ともいえない奇怪な動物だった。大きさは海豚《いるか》位で、鰐《わに》のようでもあれば、蜥蜴《とかげ》のようでもある。

下の方はよく解らないが、前脚がなく、退化した翼のようなものを持っているのだ。

古老の話にも聞いたことのないもので、この世の生物とは思われない不自然さがある。長く見ていられない気持がして引き返す時は、既に頭がくらくらしていた。毒気にあてられたのに違いない。こうしていたら大変だ……シルイカは風上へ風上へとそれを避けるようにして、盲滅法に逃げ出した。

シルイカ遭難の報に、寄り集まったアイヌ達の談話から、怪獣の目撃者は彼ばかりでなかったことが知れた。

ユーラップ岳と肩を並べるようにして、一〇八〇メートルのフトロ岳がうずくまっている。その中腹の熊穴でも、熊かと思ったら、まるで似もつかない怪獣の入っているのを見たアイヌがある。それもやはり翼を持っていて、穴の外一間《けん》四方ばかり、怪獣の吐き出す毒気のために、雪が赤黒くなっていたという。

また、それを谷間の林の中で見た者もある。蜥蜴のような、あるいは海豚のような、黒光りのする身体に、翼を持ち、地を這い廻っていたというからシルイカの見たのと全く同じである。

怪獣の目撃者はそんなに多くはないが、目のあたりその姿を見ないでも、ユーラップ岳の奥深く入って、命をうしなった者は何人だか知れない。

シルイカがどうにか家まで戻ってきた時、部落《コタン》一帯の古老であるイツポ爺さんはいった。

「お前、それでもよく生きて戻ってきたな。」

蜥蜴のような、また海豚のような、翼を持つ怪獣の正体は、実はオヤウカムイの化身だというのだ。オヤウカムイは八雲アイヌ部落《コタン》の守護神であるけれども、その醜怪な化身をアイヌに見られたり、神域を穢されたりすることに対しては、烈しい怒りを発するのである。その時には、早速に、神の通った跡の雪なり土なりを採って身体へ塗りつければ、恐しい罰だけは免れることが出来る。

シルイカがこの咒いを知っていたら、間もなくみじめな死にざまをしないでも済んだろう。……それはイツポ爺さんの述懐だが、及ばない繰り言《くごと》だった。

――怪獣についてはそれ以上のことを知り得ないが、その後この謎を解こうとした者はある。鳥も恐れる怪山深く、山巓《さんてん》踏破の暴挙が企てられたのである。八雲中学校の卒業生と三名の同校教諭を加えた七人で、案内には熊狩に慣れたアイヌが立った。だが、そのアイヌにしても、山に親しんではいるものの、ユーラップ岳の地理に精通しているわけがない。

山を行く心得はあっても、道は足に任せてただ山巓を目ざすだけである。それでも、死を賭する程の冒険をして、三日目にやっと絶頂を踏んだが、猛烈な風雨に襲われ、意気沮喪《そそう》して下山した。

町ではユーラップ岳が大荒れらしいというので、アイヌのいう神罰を懸念し、麓まで救護隊を繰り出した程だったが、幸いに落伍者はなかった。けれども、それだけではアイヌの説が否定されたといえない。

比較的に登り易い個所を選んで登っただけで、オヤウカムイの化身である怪獣の棲む沼を、山中隈《くま》なく探検したのではなかった。運よくか、運悪くか、怪奇に充ちた魔所にまで踏み込まなかったたけかもしれない。

それとも、怪《あや》しの沼というのは、アイヌにしか見ることの出来ない、民族的伝統の上に咲いた神秘の幻想だったのだろうか。

鬼の首発掘

掘りも掘ったり、前代未聞の鬼の首を発掘したというのだから、閑散な田舎では、正に驚天動地の形容に価するの大事件だ。地方新聞が尾鰭をつけて書き立てる、警察から調査に行く、県の学務課が役人を派遣する——という騒ぎよう。

掘り出した場所というのは、福島、新潟、山形の三県が境を接する山間《やまあい》の僻地、五枚沢という部落だった。筆者の郷里とは同郡であり、恰度帰省中だったので、黙していられず、真相を探ることになった。

磐越西線に喜多方という小駅（会津若松から五里）がある。人口約一万、会津塗りと盆踊りと彼岸獅子とべろ煎餅と銘菓九重の町だ。この喜多方から北へ二里のところにあるのが加納鉱山、相当に銅が出て地方一円をうるおしたのも二十数年前の昔になって、いまは申し訳ばかりにカーヴァイト位を掘っているに過ぎない。その淋れた鉱山を越えて、更に三里山を分けるのだ。

口でこそ三里だが、まだ十月なのに、北の国は早くも降った霜が赤土にとけて、泥濘《でいねい》膝を没する始末だ。

しかも道は行く程に細く曲折して、坂になり、平地になり登ってはまた下る。目的地に着いたのは午時《ひる》分でもあったろうか。五枚沢川の流れに沿って、それでも戸数二十、人口約百五十を有する谷底の部落である。

面白いのはその全民が小椋の姓を名告《なのっ》ていることで、田畑も少しは作っているが、主に会津漆器の原型である木地挽《きじびき》や炭焼を本業にしている。定住すること三百年、産業奨励の意味でだろうが、藩政の世には山の樹木を自由に伐採する特権を許されていたとかで、彼等一族はいまでもそれを非常な誇りにしている。ところが、山窩《さんか》の親類筋で、他の郷民からは却って劣等民視され、五枚沢のやからは人間ではないなどといわれているのだった。

鬼の首を掘り出したのは、部落の共同墓地で、ある渡り者の死人を埋めようとして掘った穴から現われたのだ。彼等の話すところでは、埋葬の形式が尋常でなく、地下約七尺、方形の石板の中央に頭骨だけ安置され、四隅を石の柱で支え、上をまた方形の石板で覆うて、その上へ玉石を積み重ねること四尺、地上には杉の木が二本ある他には何の目印もなかったというのだが、頭骨と共に掘り出した四本の歯が、夜な夜な青く燃えて気味が悪いので、石板や玉石と一緒にまた埋めてしまったといい、折角現場を踏み乍ら証跡を実見出来ないのである。

頭骨だけは綿に包んで大切に保存してあった。見ると、下の半部は失われているが、前額部左右に約六七分の円錐形の突起があって、それが角と見れば見られるのだ。

それにつけても考え合わされるのは、この土地に伝わる口碑で、昔の昔、そこで鬼を退治た話があり、もう追うべき鬼はいないと信じて、節分にも豆を撒かない。また、かなり離れた新潟海岸の弥彦山から鬼の首が飛んできて、それ以来弥彦では胴鳴りがするようになったなどという伝説もあった。

案内してくれたのは分教室の先生だが、四十がらみのひと癖ありげな人物で、かたわら茸《きのこ》の缶詰を造って若松あたりへ出しているという企業家でもある。この山奥にただ一人のインテリに、いろいろ突っ込んだ質問をしてみたが、以上のような事情が判明しただけで、曖昧な返辞でごまかし、具体的な説明は努めて避ける風である。

自分はありたけの知識を動員して、アイヌの熊祭のような動物信仰の名残か、畸形児の出現、珍奇な怪獣の捕獲、原始的身体魂の信仰、もしくは獄門に晒《さら》された罪人の首？　等に、想像をめぐらし乍ら、帰路を熱塩温泉へとって、落葉林が赤く淋しい峠を越えた。

温泉場へ着いたのは夜の八時頃、人気《ひとけ》のない浴槽でのろのろと旅の疲れを休め乍ら、物思いに耽《ふけ》るうち、頭にぴんときて疑問が氷解した。

いってみれば何でもない話だが、鬼の首の正体は実に人間の頭骨だったのである。

どうしてそんな間違いをしたかというと、相当古い人骨のことだから、下顎骨は勿論のこと、上顎骨も顔面の個所も欠けて失われてしまい、残っているのは後頭部だけだ。それを額の位置において見ると、底面の乳頭突起が前額左右二本の角に見え、動脈孔は眼窩という風に見えて、鬼の首といえば鬼の首にも思われたのだった。

いよいよ怪しいのは分教室の先生である男、その事業家肌から察しても、噂を撒いた上で、田舎廻りの見世物香具師《やし》に売りつける魂胆でもあったのだろう。

仙人と天狗

ある樵夫《きこり》がまだ入ったことのない山村の奥深く入って行ったところ、童顔白髪の仙人が二人、相対《あい》して碁を囲んでいるので、好きな道、つい立ち止ってのぞいていると、一局終った時は携えている斧《おの》の柄《え》がすっかり朽ちていた。彼の山に入った日が九月九日のことで、仙人達は菊酒を酌み交していたというので菊酒は長生の薬として九月九日に飲まれるようになった。

仙人はもとより支那からきた思想で、不老不死へのあこがれを形にしたものだ。不老不死なんていう呑気なことはぱっと散るのをいさぎよしとする我が国民性と合わないから、支那のように本気ではない。山の奥で仙人を見かける話はあっても、世を逃れて山中に隠れた犯罪者などを見誤っていることが多い。だから真面目に仙人の修業でもする者があれば、それは世間の笑いものだ。

我が国では仙人よりも天狗の方が繁昌して、仙人もほとんど天狗と一緒に考えられる。

一月の寒中、青年の一団が獣猟に出かけ、箱根で一番高い駒ケ岳というのへ登って行くと、絶頂に近い所に大盤石《だいばんじゃく》があるが、その上に大きな男が立ってこちらを睨んでいる。てっきり仙人か天狗だろうと、恐れを抱き、猟をやめて帰ろうということになった。その間も、怪人の方では赤い布を両手に持って、青年の一団に向いしきりにそれを打ち振っている。何か怪しい術を使うものと思い、大急ぎで下山し、二三日は皆戸外にも出なかった。その話は近郷近在に伝わって、大した評判になったが、後で真相が解ってみると、山上の怪人は仙人でも天狗でもなく、強盗であることが知れた。

その強盗は小田原の資産家を荒して、夜中逃げ通し、箱根の山間にくぐり、駒ケ岳の絶頂でほっとして休息していたのだった。そこへ青年の一団がやってきたのだから、驚いたのはその強盗、鉄砲で撃たれては大変と、持っていた赤毛布を弾丸除《たまよ》けに振りたてたものである。

故意に天狗の真似をして人を欺くのもあって、ある金持ちのとこへ天狗から金を無心する手紙がきた。指定された場所へ行ってみると、待っていた天狗は大木の枝から飛び降りてきた。その姿は絵でみる天狗と少しも変らない。そこで金を渡すと、すぐに飛び上るかと思いのほか、のそのそ歩いて行くので、怪しんで捕えてみると、強盗が化けた人為的天狗だった。

天狗の存在は、全国的で、天狗の爪、天狗の落し文、天狗の詫び証文から天狗の髑髏《どくろ》まである。ふだんは山奥に住んでいるが、時々人里へ出て、人間を益するよりも害を与える話の方が多い。

天狗の説明は昔からいろいろあって、先《ま》ず星だという説があった。思いがけなく現われて消えて行く彗星などを怪物視したらしい。鳥だという説はその形からきたもので、烏天狗や木の葉天狗は慥《たしか》に鳥を錯覚したに相違あるまい。獣だという説も肯《うなず》ける。ある本では白狐の古いのが天狗になるといい、ある本では年経た狼が木の葉天狗になると、見てきたような断言をしている。その他に、鬼神だといい、天魔だといい、仙人が天狗になるという説もある。

また、天狗は人だというのは、僧侶や行者のひと通りは道を修めた者が、慢心を起して仏にはなれず、そうかといって悪道に落ちる程でもないために、天狗になるというのだ。高慢な奴を指して「天狗になっている」などというのがそれで、ここに至って、天狗の正体は近きにありというべしである。

世にインチキな祈禱治療を行う者を行者という、そのもとは修験道で、密教を精神として生れたが、日本古来の山岳崇拝思想と結びついて、深山高峰で修業することにきまっていた。開祖と目される役行者《えんのぎょうじゃ》などは最もそれを代表して、一生を山に生き、山に死んだ。彼等はそして山の開拓者であったことはいうまでもない。どうせ人里離れて自然人に近い生活をいとなんでいるのだから、風態も異様であれば、形相《ぎょうそう》なども凄かったに相違ない。それを樵夫だとか猟師、はては道に迷った旅人などがちらりと見かけて、恐しい怪物のように里の人達に告げたのだ。

山伏とは野山に臥《ふ》すことからきた名で、そうして天狗になった行者は、不思議と鍛治屋に縁がある。

ある田舎町に、天狗鍛治屋というのがあった。小さい時は親孝行で評判の賢い子供だったが、山へ遊びに行ったまま、それきり姿を消してしまった。いくら捜しても見付からないので、家では死んだものと諦めていたところが、四年も経ってから、ひょっこりと戻ってきた。天狗にさらわれたが、四年の間、山で鍛治を習っていたというので、やらせてみると馬に仕事がうまく、大した評判になり、鍛治屋になって繁昌した。

こういう話があるのは、彼等が山で鍛治などもやっていたからで、内職というより、むしろその方が本職だったかもしれない。大体、日本に鉄器文化をもたらしたのはツングース族だという証拠があるが、鍛治屋の先祖は山伏であるといってよさそうだ。その意味で、天狗は登山者や鍛治屋にとっての神様であるわけだ。

猿か人か、山男

山国にはいまでも山男や山女が出没する。丈高く毛深で、動物に近いような生活をしているので、猿の古いのだろうなどと昔はいわれたものだ。しかしこの頃では、裸形《らぎょう》の山男や山女はどんな山深い地方でも恐らく見られまい。だんだんと着物も着、火食《かしょく》もするようになっているが、兎《と》に角《かく》非常に変った存在だ。山男（男と限らないが）は、猿なのか、人なのか？　火食を知っていても、山深く隠れていては火を得ることが困難で、自由に火を使えない。樵夫が山中で火を焚くと、傍《そば》へ寄ってきて蟹などを焙《あぶ》ったりする。甚だしいのは里へあらわれ、家人が畑へ出ている留守をうかがい、家へ入り込んで飯を焚くようなことがある。

ある農家の男が山へ草を刈りに行き、草を求めて見知らぬ沢へ出た。その辺に人が住んでいると思われないのに、洗濯した衣類が沢山木の枝へ掛けて干してある。不思議に思って見ているところへ、どこからともなく一人の大男が出てきて、その洗濯物をとり集め、小脇に抱えて駆け出したと思うと、忽ち林の中へ見えなくなってしまった。

羽黒山中に鷹の多くいる所があって、鷹捕りの猟師が小屋をかけていた。折々怪しいことがあって化物小屋とまで呼ばれていたが、ある日も、小屋の上で物を引き裂くような音がするので、そっと菰《こも》をもたげて覗くと、毛むくじゃらの男が小屋に腰かけて、猪の股らしいものをむしゃむしゃ食っていた。またある時は、近辺に篠竹で編んだ三尺ばかりの草履が片方棄ててあるのみで、奇異に思い乍ら拾い取り、小屋の軒にかけておいたところが、その夜深更になって、外で大声に喚く者がある。「草履を返せ」というらしい。「草履なら軒にかけておいたから、勝手に持って行け」と答えると翌朝にはなくなっていた。

諸国に山人の足跡というのがあって、一丈以上もある怪物のようにいわれているが、それは伝説だから当てにならない。三尺の草履というのも、大きい大きいと思っているところからの錯覚で、常人よりいくらか大きい位のものだろう。その棲処《すみか》は一定せず、山中深く散在して自然のままの生活をしているのもあるかと思うと、いままでは樵夫などの住む山間の部落に入り込んで暮しているのもある。

山男あるいは山女は祟《たた》りをするともいう。どんな風に祟るのかというと、陸中遠野辺の話だが、ある若い男が山女に行きあい、生け捕って手柄にしようと思い、組みついてみたが、力足らず、手足が痺れて動かなくなり、とり逃がしてしまった。ある猟師もやはり山女にあったので、銃で撃ち殺そうと身構えると、急に手足が痺れて声も立たず、山女がにたにたと、笑い乍ら通り過ぎるまで立ちすくんだきりそこを動けなかった。その猟師はそして後でひどくわずらった。その辺では、山女を見た者は間もなく命を取られるか病気になるといっている。

こうなると、山女でなくて山の神だが、動物的な生一本に執念深いので、馬鹿にして瞞《だま》したりすると、いつまでも覚えていて、後から激しく復讐される。そういうことが誇張されて、そんな話になったのだろう。

山の中で木の皮の剝ぎ取られているのをみたら、それは山男の食料だったかもしれない。彼等が生食した時は、木の芽、木の実、草の根、変ったものでは好んで篠竹を食っていたという。耕地があっても畑は作らず、山に狩り、川に漁《すなど》って、その程度の生活に満足している。里へ出て米の飯を貰うのを悦ぶのをみると、それを欲しがらないのではないが、自分から進んで耕そうという文化能力がないのだ。

山男の性質といえば、むら気で、憤《おこ》りっぽくて、力が強いということ位だが、山女の山姥《やまうば》となると、足柄山で金太郎を育てた昔から、いろいろの怪異をあらわしている先の話のように、祟りをするのも大体山女の方で、化けるのは無論山女である。

狩好きの郷士があった。尾張富士の山谷をかき分けて、獲物もがなと頂上の方へ向って行くと、先に立って馳けていた犬が、恐怖の色をなして戻ってきて、彼の傍を離れようとしない。狼か何か、余程手剛《てごわ》い奴が出たのだろうと、用心し乍ら頂上に登りつめてみると、山霊を祀る祠の前に身の丈一丈もあろうという女が、長い黒髪を一心に梳《くしけず》っている。山姥が住んでいるという噂があるが、これがそうに違いあるまいと、狙いを定めて鋭い一矢を見舞った。

驚いた山姥、血を滴らし乍ら逃げ去ったので、その後を追って行くと、麓の農家の裏口に続いていた。顔を知っている者なので、お前の家に変ったことはないかと訊くと、「別に変ったこともありませんが、気分が悪いといって女房が臥せています。」という。実はこれこれと事情を話し、二人で納戸《なんど》の襖をあけてみると、寝ていた筈《はず》の妻は影も形もなく、臥床《ふしど》はもぬけのからだった。

こんな風に語られている山男や山女だが、人間であることには変りがない。ただ吾々と種族が異《ちが》うということは、その容貌や生活振りをみてもいえるが、それは山人族とでもいうべく、歴史に名高い日本武尊に退治られた土蜘蛛《つちぐも》族の子孫なのだ。死に絶えたり、吾々の血に同化したりして、ほとんど滅んでしまったのだが、その系統を引くものがいわゆる山男とか山女とか呼ばれて、少しは残存しているのである。

長髄彦《ながすねひこ》が土蜘蛛で、長髄という名からして、足が長く身体の大きかったことを思わせるが、その血をうけていれば大きいのは当然だ。昔の土蜘蛛は土蜘蛛の文化を持っていたのだが、社会を棄てて山中深く住むようになって、すっかり退歩し、どっちが猿かと間違われるようなことになってしまった。

山の神の怒

田中貢太郎

　二十五六年も昔のこと、筆者が大町桂月先生に従遊していた時、多摩川へ鮎狩に往《い》って日野の鮎宿へ一泊した事があったが、其《そ》の時朝飯の準備《したく》が出来るまでにと多摩川縁《べり》へ散歩に往ったところで、磧《かわら》に木賊《とくさ》が数多《たくさん》あったので、其の中の茎の面白そうなものを二本三本と抜いたが、さて家《うち》へ持って帰るつもりもないので其のまま棄てた。と、同行の友人が、

「おい君、無益な殺生《せっしょう》をするものじゃないよ、草でも木でも生命《いのち》がある」

と云ったので、筆者は脚下《あしもと》へ大きな穴が開いたように思って、それ以来養植しない草木は採らない事にしたが、「心霊と人生」の石塚直太郎君の報告を読むに及んで、やっぱりそうであったと友人の訓誡を思いだした。

　石塚君によると、石塚君は大正十二年三月、家族同判で杉田の梅林へ観梅に往って、傍《そば》の山で山蔦を見つけたので、ナイフで蔓を切って、根を掘って荒縄でからげ、東京本所の自宅へ持ち帰

ったところで、来客があっていたので、すぐ植えないで玄関の横の石の上へ置いて座敷へあがった。すると同行していた夫人の態度がみるみる変って、憑霊現象を現わして、

「汝《きさま》は何者《なにしゃ》だ」

と荒あらしい声で云うので、石塚君が、

「わしは、高見明神に奉仕する此《こ》の家《や》の主人である」

と答えると、

「苟《いやしく》も尊い神に仕える者が、無益の殺生をするとは何事であるか」

と云って詰め寄った。石塚君は無益の殺生の意味が判らないので、

「無益の殺生をした覚えはない、それは何事でありましょう」

と云うと、

「何事とは何だ、予は杉田の山の神であるが、汝は自分のした事が判らぬか、汝は生《いき》たる者の枝葉を切り、あまつさえ縄からげにして、水もやらずに庭前《にわさき》へ置いてあるではないか」

石塚君はやっと蔦の事に気が注《つ》いて、

「それは申しわけがございませぬが、これは庭の祠の前に椎の古木があって、殺風景でございますから、それに絡ませようと思いまして」

と隠さずに云った。すると、

「速《すみやか》に清水を与うべし」

と大喝《だいかつ》して、それで山の神は去ったのか、夫人は平生《いつも》の状態になった。そこで石塚君は、山蔦

を叮寧《ていねい》に椎の古木の傍へ植えて、朝夕水をやっていたが、其の年の九月一日の大震災になって跡方もなくなった。

＊＊＊＊＊

木曾の怪物

「日本妖怪実譚」より

岡本綺堂

これは亡父《なきちち》の物語。頃は去る明治二十三年の春三月、父は拠《よんどこ》ろなき所用あって信州軽井沢へ赴いて、凡《およ》そ半月ばかりも此《こ》の駅《しゅく》に逗留していた。東京では新暦の雛の節句、梅も大方は散尽《ちりつ》くした頃であるが、名にし負う信濃路は二月の末から降《ふり》つづく大雪で宿屋より外へは一歩《ひとあし》も踏出され ぬ位、日々炉を囲んで春の寒さに顫《ふる》えていると、ある日の夕ぐれ、山の猟師が一匹、鹿の鮮血《なまち》滴るのを担いで来て、何《ど》うか買って呉《く》れという。ソコで其《そ》の片股《かたもも》だけ買う事に決めて、相当の価《あたい》を払い、若《も》しも暇ならば遊びに来いと云うと、田舎漢《いなかもの》の正直、其の夜再び出直して来た。此方《こっち》も雪に降籠《ふりこ》められて退屈の折柄、其の猟師と炉を囲んで四方山《よもやま》の談話《はなし》に時を移すと、猟師曰《いわ》く、私《わし》は何十年来この商売を為《し》ていますが、この信州の山奥では時々に不思議な事があります、私共の仲間では此《こ》れを一口に『怪物《えてもの》』と云いまして、猿の所為《しわざ》とも云い、木霊《こだま》とも云い、魔とも云い、その正体は何だか解りませんが、兎《と》にかく怪しい魔物が住んでいるに相違ありません。と、冒頭《まくら》を置いて語り出したのが、即ち次の物語だ。因《ちなみ》に記す、右の猟師は年のころ五十前後で、いかにも朴《ぼく》訥《とつ》で律儀らしく、決して嘘などを吐《つ》くような男でない。

昔からのお噺《はなし》をすれば種々《いろいろ》あるが、先《ま》ず近い所では現に三四年前、私が二人の仲間と一所に木曾の山奥へ鳥撃《とりうち》に出かけた事がある。そういう時には、一日は勿論、二日三日も山中を迷い歩く事があるから、用心の為に米または味噌、鍋釜の類まで担いで行く。で、日の暮れかかる頃、山奥の大樹の蔭に休んで、ここに釜を据え、有合《ありあ》う枯枝や落葉を拾って釜の下を焚付け、三人寄って夕飯の支度をしている中《うち》、一人が枯枝を拾う為に背後《うしろ》の木かげへ分入《わけい》ると、ここに大きな池があって、三羽の鴨が岸の浅瀬に降りている。這奴《こいつ》、幸いの獲物、此方《こっち》が三人に鳥が三羽、丁度お誂《あつら》え向《むき》だと喜んで、忍び足で其の傍《そば》へ寄ると、鴨は人を見て飛ばず驚かず、徐《しず》かに二足《ふたあし》ばかり歩いて又立止《たちどま》る、この畜生めと又追縋《おいすが》ると、鴨は又もや二足ばかり歩む、歩めば追い、追えば歩み、二三間《げん》ばかりも釣られて行く時、他の一人が此の体《てい》を見て、オイオイ止《よ》せよせ、例の怪物《えてもの》に相違ねえよと、声をかける。成程《なるほど》と心付いて其のまま引返《ひっかえ》して、私に其の噺をするから、ハテ不思議だと三人一所に、再び其の木かげへ往《い》って見ると、エエ何の事だ、鴨は扨《さて》措いて、第一に其の池もない、扨はいよいよ怪物の所為《しわざ》だと、猶能《なおよ》くよく四辺《あたり》を見ると、其の辺は一面の枯草に埋っていて、三間ばかり先は切ッ立《たて》の崖になっているので、三人は思わず愕然《ぎょっ》として、若《もし》もウカウカと鴨に釣られて往こうものなら、此の崖から逆落《さかおと》しに滑り落ちるに相違なく、仮《たと》え生命に別条ないとしても、屹《きっ》と大怪我をする所だ、アア危いと顔を見合せて、旧《もと》の処へ引返すと、釜の下は炎々と燃上《もえあが》って、今にも噴飛《ふきとば》しそうに釜の蓋がガタガタ跳《おど》っている。ヤア飯が焦げるぞと、私が慌てて其の釜の蓋を取ると、中から湯気が真白に噴上げる、其の煙の中に大きな真青な人間《ひと》の顔がありありと現われたから、コリャ大変だいよいよ怪物だと、一生懸命に釜の蓋を上から押えて、畜生、畜生ッ、オイ早く鉄砲を撃てと怒鳴る。他の二人も心得て、何処《どこ》を的《あて》ともなしにドンドン鉄砲を撃つこと二三発、それから再び釜を覗いて見るとモウ何物《なんに》も見えない。

山又山の奥ふかく分入《わけい》ると、斯《こ》ういう不思議が毎々あるので、忌々《いまいま》しいから何《ど》うかして其の正体を見とどけて、一番退治して遣《や》ろうと、仲間の者とも平生申合《つねづね》せているけれども、今に其の怪物の姿を見現わした者がないのは残念です。モウ一つ不思議なのは、これも二三年前の事、私が木曾の山の麓路《ふもとじ》を通ると、商人《あきんど》らしい風俗の旦那と手代二人が、木かげに立って珍らしそうに山を見あげているから、モシモシ何を御覧なさると近寄って尋ねると、旦那らしい人が山の上を指さして、アレ御覧なさい、アノ坊さんの担いでいる毛鑷《けぬき》の大きい事、実に珍らしいと云う。ハテ可怪《おかし》な事をいうと思いながら、指さす方を見あげたが、私の眼には何物《なんに》も見えない。扨は例の怪物だナと悟ったから、この畜生めッと直《す》ぐに鉄砲を向けると、其の人は慌てて私の手を捉え、アアモシ飛《と》んだ事を為《な》さる、アノ坊さんに怪我でも為《さ》せては大変ですと、無理に抑留《ひきとめ》める。で、其の人の云うには、私は上田の鉄物商《かなものや》兼研職《とぎや》で、商売用の為め今日《た》ここを通ると、アノ坊さんが大きな毛鑷を引担《ひっかつ》いで山路《やまみち》を登って行く、私も親の代から此の商売をしてるが、あんなに大きな毛鑷を見た事がないから、奉公人も私《わたし》も肝《きも》を潰して見ている所だとの事。併《しか》しそんな事のあろう筈《はず》もなく、私《わし》の眼には一向見えないのが第一の証拠、あれは例の怪物に相違ないと、委《くわ》しく云って聞かせると、其の人達も驚いた様子で、成程そう云えばモウ其の坊主の姿は見えなくなったと云う。

何しろ憎い畜生め、今日こそは退治て呉れようと、鉄砲を小脇に其の山路を一散に駈《かけ》あがり、其処《そこ》かここかと詮議したけれども、別に怪しい物の姿も見えないからアア残念ナと再び麓へ降りて来ると、彼《か》の商人はモウ立去ったと見えて、其処には誰も居ない。で、其の商人は本当の人間で、全く怪物に化《ばか》されたものか、但しは其の商人が怪物で、私に無駄骨を折らせたものか、何方《どっち》が何うとも今に分らぬけれども、何方にしても不思議な事で、私も流石《さすが》に薄気味が悪くなって、その日は其のまま帰って了《しま》ったが、私ばかりでなく、仲間の者も折々に斯《こ》ういう目に遭いますから、山へ出る時には用心を為《し》にゃあなりません、云云《しかじか》。　（麴生）

炭焼の話

「五人の話」より

岡本綺堂

第四の男は語る――

一昨年《おととし》、僕が修善寺の温泉へ遊びに行った時、隣座敷へ泊り合せたのは天城《あまぎ》の近所の人だそうで、お互に毎日退屈だもんだから自然懇意になって、行ったり来たりして種々《いろいろ》の世間話をしている中《うち》に、ある時こんな話を聴いた。初めて聴いた時には酷《ひど》く怖かったが、後で考えて見ると其《そ》れほどでも無いようだ。が、まあ話して見よう。

何でも明治十五六年頃の事だそうだ。伊豆の天城の山つづきの、森につつまれた谷のような窪地に、一軒の炭焼小屋があった。小さい噴火山のように、夜も昼も烟《けむり》を噴く炭窯の傍《そば》に狭い木小屋を作って、ここに炭焼の父子《おやこ》が寂しく暮していた。親父は与作と云う四十位《ぐらい》の正直な頑丈な男で、息子は与吉と云って未だ七歳《ななつ》の小児《こども》だ。

いくら伊豆でも二月の初旬《はじめ》は中々寒い。天城の奥に猪《しし》は通るが、猟夫《かりうど》以外の人間は滅多に通らなかった。

「阿父《おとっ》さん、怖いよう。」

今まで温和《おとなし》く遊んでいた与吉が急に顔の色を変えて、父の膝に縋《すが》り着いた。親一人子一人で此《こ》の山奥に年中暮しているのだから、寂しいのには馴れている。猿や猪は友達のように思っている。小屋を吹き飛ばすような大風雨《あらし》も、山が頽《くず》れるような大雷鳴《おおがみなり》も、この少年を驚かすほどの事は無かった。ところが、今日に限って顔色を変えて騒ぐ。父は其《その》頭を撫でながら、「何が怖い。阿父さんがここにいるから大丈夫だ。」と、優しく云い聞かせた。

「だって、怖いよ。阿父さん……。」

「弱虫め、何が怖いんだ。そんな怖いものが何処《どこ》にいるんだ。」と、父の声は少しく暴《あら》くなった。

「あれ、あんな声が……。」

与吉が指さす向うの森の奥に、何だか唄うような悲しい声が断続《きれぎれ》に聞えた。春の夕日は何時《いつ》か遠い峰に隠れて、木《こ》の間《ま》を洩るる湖のような薄青い空には、三日月の淡い影が小さい舟のように泛《うか》んでいた。

「馬鹿め。」と、父は冷笑《あざわら》って、「あれが何で怖いものか。日が暮れて里へ帰る、杣《そま》か猟師が唄っているんだ。」

「いいえ、そうじゃないよ。怖い、怖い。」

「ええ、うるさい野郎だ。そんな意気地《いくじ》のないことで、斯《こ》ういう所に住んでいられるか。そんな弱虫で男になれるか。」

叱り付けられて、与吉も忽ち縮《すく》んで了《しま》ったが、矢はり恐怖《おそれ》は止《や》まぬと見えて、小屋の隅の方に這込《はいこ》んで小さくなっていた。与作も元来は子煩悩の男であるが、自分の頑丈に比較《ひきくら》べて、我子《わがこ》の臆病ということが酷く癪《しゃく》に障ったらしい。

「やい、やい、何だって其んなに小さくなっているんだ。ここは俺達の家だ。誰が来たって怖いことはねえ。もっと大きくなって、威張っていろ。」

与吉は黙って、相変《あい》らず小さくなっているので、父はいよいよ癪に障ったが、流石《さすが》に我子を撲《なぐ》り付けるほどの理由もないので、唯忌々《ただいまいま》しそうに舌打ちしながら、

「仕様のねえ馬鹿野郎だ。凡《およ》そ世の中に怖いものなんぞあるものか。さあ、天狗でも山の神でも何でもここへ来て見ろ。眼に見えるものなら、俺が叩き殴って与《や》るから……。」

わが子の臆病を励ます為と、又二つには唯何が無しに癪に障って堪《たま》らないのとで、与作は傍《かたえ》の焚火の太い枝を把《と》って、火の点いたままで無闇に振廻《ふりまわ》しながら、対手《あいて》があらば一打ちと云ったような権幕で、小屋の入口へつかつかと駈け出した。出ると、門《かど》には人が立っていた。出合頭《であいがしら》に与作の振廻わす火粉《ひのこ》は、其《その》人の顔にはらはらと飛び散った。

対手も驚いたろうが、与作も驚いた。双方霎時《しばらく》黙って睨み合っていたが、やがて対手は高く笑った。此方《こっち》も思わず笑い出した。

「どうも飛んだ失礼を致しました。」

「いや、何《ど》うしまして……。」と、対手も会釈して、「私こそ突然《だしぬけ》にお邪魔をして済みません。実は朝から山越《やまごし》をして来たもんですから、寒くって堪らないんです。」

少年を恐れしめた怪しき唄の主《ぬし》は此の旅人であった。春まだ寒き天城の奥に行き暮れて、彼は一夕《いっせき》の暖を取る為に、この炭窯の烟《けむり》を望んで尋ね寄ったのであろう。疲労《つかれ》を忘れるが為に唄ったのだ、火を慕うが為に訪ねて来たのだ。これは旅人の習い不思議はない。

この小屋はここらの一軒家であるから、樵夫《きこり》や猟師が煙草休みに来ることもある。路に迷った旅人が湯を貰いに来ることもある。そんなことは左のみ珍しくもないので、親切な与作は斯《こ》の旅人をも快く迎え入れて、生木の燻《いぶ》る焚火の前に坐らせた。

旅人はまだ二十四五ぐらいの若い男で、色の稍《やや》蒼白い、頰の瘦せて尖った、而《しか》も円い眼は愛嬌に富んでいる優しげな人物であった。頭には鍔《つば》の広い焦茶の中折帽を冠《かぶ》って、詰襟ではあるが左のみ見苦しからぬ縞の洋服を着て、短い洋袴《ずぼん》に脚絆草鞋《きゃはんわらじ》という身軽な扮装《いでたち》で、肩には学校の生徒のようなズックの大革包《かばん》をかけていた。見た所、褒めて云えば山林検分に来た県庁のお役人か、悪く云えば地方行商の薬売か、先《ま》ずそんな所だろうと与作は窃《ひそか》に値踏をした。

斯ういう場合に、主人《あるじ》が先ず旅人に対する問《とい》は昔から紋切形だ。

「お前さんは何地《どっち》の方から来なすった。」

「大仁《おおひと》の方から来ました。」

「これから何地へ……。」

「下田の方へ……。」

こんなことを云っている中《うち》に、日も全く暮れて了ったらしい。灯火《あかり》のない小屋の中は燃上る焚火に薄紅《あか》く照されて、与作の四角張った顔と旅人の尖った顔とが、うず巻く烟の中から朦朧《もうろう》と浮いて見えた。

「お庇《かげ》さまで大分暖《あった》かくなりました。」と、旅人は霎時《しばらく》して口を切った。

「夜になると中々冷えて来ますよ。だが、ここには炭窯があるから、いざとなれば戸を開けるから……。」と、与作は笑った。

旅人も笑って首肯《うなず》いた。

この人が来てから約《およ》そ半時間ほどにもなろうが、其間《そのかん》彼の与吉は、小児《こども》に追い詰められた石蟹のように、隅の方に小さくなったままで身動きも為《し》なかった。が、いつまでも隠れている訳には行かぬ。到頭我が怖るる人に見付けられて了った。

「おお、子供衆《しゅ》がいるんですね。暗い隅の方にいるので、先刻《さっき》から些《ちっ》とも意《き》が注《つ》きませんでした。そんなら此処《ここ》に好《い》い物があります。」

旅人は首にかけた革包《かばん》の口をあけて、新聞紙《がみ》に包んだ竹の皮包《かわづつみ》を把出《とりだ》した。中には海苔《のり》巻の鮓《すし》が沢山入っていた。

「山越をするのに腹が空《へ》ると不可《いけな》いと思って、食物を沢山買い込んで来たのですが、そうも食えないもので……。御覧なさい、まだ此方《こっち》にも斯《こ》んなものが有るんです。」

もう一つの竹の皮包には、食い残りの握飯と刻鯣《きざみするめ》のようなものが入っていた。

「まあ、これを子供衆にあげて下さい。」

山奥に年中住んでいる者には、海苔巻の鮨でも中々珍しいのだ。与作は喜んで其の鮨を貰った。

「おい、与吉。お客人がこんな好い物を下すったぞ。早く来てお礼を云え。」

例《つね》ならば嫣然《にこにこ》して飛出《とびだ》して来る与吉が、今日は何故か振向いても見なかった。彼は眼に見えぬ怖《おそろ》しい手に摑まれたように、固くなったままで縮んでいた。先刻《さっき》からの一件もあり、且《かつ》は客人の手前もあり、与作は何《ど》うしても叱言《こごと》を云わぬ訳には行かなかった。

「やい、何をぐずぐずしているんだ。早く来い、此方へ来い。」

「あい。」と、与吉は微《かすか》に答えた。

「あいじゃアねえ、早く来い。お客人に失礼だぞ。早く来い、さあ、来ねえか。」

気の短い父は有合《ありあ》う生木の枝を押取《おっと》って、わが子の背中に叩き付けた。

「あ、危い。怪我でもすると不可い。」と、旅人は慌てて遮った。

「何、云うことを肯《き》かない時には、何日《いつ》でも引ッ敲《ぱた》くんです。さあ、野郎、来い。」

もう斯うなっては仕方がない。与吉は穴から出る蛇のように、小さい身体をいよいよ小さくして、父の背後へ窃《そっ》と這い寄って来た。

父は其の眼前《めのさき》へ竹の皮包を開いて突き付けると、紅い生姜は青黒い海苔を彩って、小児の眼には左《さ》も甘《うま》そうに見えた。

「それ、見ろ。甘そうだろう。お礼を云って、早く食え。」

与吉は父の背後《うしろ》に隠れたままで、矢はり黙っていた。

「早くお喫《あが》んなさい。」と、旅人も笑いながら勧めた。

旅人の声を聞くと、与吉は又顫《ふる》えた。さながら物に魘《おそ》われたように、父の背中に犇《ひし》と獅噛《しがみ》付いて、霎時《しばらく》は呼吸《いき》も為《し》なかった。

この少年は何故そんなに旅人を恐れるのだろう。小児に有勝《ありがち》の他羞恥《ひとみしり》かとも思われるが、与吉は平生《へいぜい》そんな弱い小児ではなかった。殊に人里遠い所に育ったので、非常に人を恋しがる方であった。杣でも猟師でも、或《あるい》は見知らぬ旅の人でも、一度この小屋に足を入れた者は、皆《みん》な小さい与吉の友達であった。どんな人に出逢っても、与吉は馴々《なれなれ》しく小父《おじ》さんと呼んでいた。

それが今夜に限って、普通の不人相を通り越して、酷く其《その》人を嫌って恐れているらしい。対手《あいて》が小児であるから、旅人は別に意《き》にも介《と》めぬらしかったが、其の平生を知っている父は一種の不思議を感ぜぬ訳には行かなかった。

「何故食わない。折角甘いものを下すったのに、何故早く頂かない。馬鹿な奴だ。」

「いや、然《そ》うお叱りなさるな。小児というものは、其時の調子でひょいと拗《こじ》れることが有るもんですよ。まあ、後で喫《たべ》させたら可《い》いでしょう。」と、旅人は笑《えみ》を含んで宥《なだ》めるように云った。

「お前が喫《た》べなければ、阿父《おとっ》さんが食って了うぞ。可いか。」

父が顧《みかえ》って訊ねると、与吉は僅に首肯《うなず》いた。

「可《よし》、それじゃア俺が御馳走になる。」

与作は傍の切株の上に皮包を拡げて、錆びた鉄の棒のような海苔巻の鮓を、瞬く間に五六個《いつつむつ》頬張って了った。それから薬缶《やかん》の熱い湯を注《つ》いで、客にも侑《すす》め、自分もがぶがぶ飲んだ。

「ああ、甘い、甘い。山の中にいると滅多にこんなものは食えませんよ。」

自分の与《や》ったものを甘そうに食われると云うことは、確《たしか》に人間の愉快の一つだ。旅人も嬉しそうに凝《じっ》と視ていた。与作は既《も》う見得も遠慮もない、又もや続けて二三個《ふたつみっつ》平げて了った。それでも

我子を顧って、

「どうだ、一個与ろうか。」

与吉は返事を為《し》なかった。父の大きな身体を楯にして、狡猾な野良猫のように唯折々《ただ》に人の顔を偸《ぬす》み視るばかりであった。

「時にどうです、お前さんは酒を飲みますか。」と、旅人は笑いながら訊ねた。

「酒ですか。飲みますとも……。大好《だいすき》ですが……斯ういう山の中にいちゃァ不自由ですよ。」

「それじゃァここに斯んなものがあります。」

旅人は又もや革包をあけて、大きい罎《びん》に詰めた酒を見せた。

「あ、酒ですね。」

与作の口からは涎《よだれ》が出た。

「どうです、寒気凌《さむさしの》ぎに一杯飲《や》ろうじゃァありませんか。」

「結構です。直《すぐ》に燗を為ましょう。ええ、邪魔だ、退《ど》かねえか。」

自分の背中に縋っている我子を、邪魔物のように突き退けて、与作は傍の棚から忙しそうに徳利を把出《とり》した。それから焚火に枝を加えて、罎の酒を徳利《とくり》に移した。父に振放《ふりはな》された与吉は、猿《さる》曳《ひき》に捨てられた子猿のようにうろうろして居たが、烟の間から旅人の顔を見ると、又忽地《たちまち》に顫え上って、筵《むしろ》の上に突ッ伏したまま再び顔をあげなかった。

「今晩は……。与作どん居るかね。」

外から声を掛けた者がある。与作と同じ年頃の猟師で、大きな犬を牽《ひ》いて居た。

「佐市どんか。入るが可《い》いよ。」と、与作は燗の仕度をしながら答えた。

「誰か客人がいる様だね。」と、佐市は肩にした鉄砲を卸《おろ》して、小屋へ一歩《ひとあし》蹈《ふ》み込もうとすると、犬は何を見たか俄《にわか》に唸り初めた。

「何だ、何だ。ここは御馴染の与作どんの家だぞ。ははははは。」

佐市は笑いながら叱ったが、犬は中々鎮《しず》まりそうもなかった。四趾《よつあし》の爪を土に食入《くいい》るように蹈ん張って、耳を立て、眼を瞋《いか》らして、頻《しきり》に凄《すさま》じい唸声《うなりごえ》をあげていた。

「何を吠えるんだ。叱《し》ッ、叱ッ。」と、与作も内から叱った。

佐市は焚火の前に寄って来て、旅人に挨拶した。犬は相変らず小屋の外に唸っていた。

「お前、好い所へ来たよ。実は今このお客人に斯ういうものを貰っての。」と、与作は自慢らしく彼《か》の徳利を振って見せた。

「おお、酒の御馳走があるのか。成《なる》ほど、運が好い喃《のう》。旦那、どうも難有《ありがと》うごぜえます。」

「いや、お礼を云うほどに沢山もないのですが、まあ寒気凌《さむさ》ぎに飲んで下さい。喫残《たべのこ》りで失礼ですけれども、これでもお下物《さかな》にして……。」

旅人は皮包の握飯と刻鯣を出した。海苔巻もまだ幾個《いくつ》か残っている。酒に眼のない与作と佐市とは、遠慮なしに飲んで食った。まだ宵ながら山奥の夜は寂《しずか》で、唯折々に峰から峰を渡る山風が、大浪の寄せるように聞えるばかりであった。

酒は左のみの上酒《じょうしゅ》というでも無かったが、地酒を飲み馴れている此の二人には、上々の甘露であった。自分達ばかりが飲んでいるのも流石《さすが》に面目《きまり》が悪いので、折々には旅人にも茶碗を献《さ》したが、対手は何時《いつ》も笑って頭《かしら》を掉《ふ》っていた。

小屋の外では犬が待兼ねているように吠え続けた。

「騒々しい奴だ喃。」と、佐市は呟いて、「奴め、腹が空っているのだろう。この握飯を一個分けて与《や》ろうか。」

佐市は握飯を把って軽く投げると、戸の外までは転げて出ないで、入口の土間に落ちて止った。犬は食物を見て入口へ首を突っ込んだが、旅人の顔を見るや否や俄に狂うが如くに吠え哮《たけ》って、鋭い牙を露出《むきだ》して飛び蒐《かか》ろうとした。旅人は黙って視ていた。

「叱ッ、叱ッ。」

与作も佐市も叱って追い退けようとしたが、犬は憑物《つきもの》でもしたように愈《いよい》よ狂い立って、焚火の前に跳《おど》り込んで来た。旅人は矢はり黙って睨んでいた。

「怖いよう。」と、与吉は泣き出した。

犬はますます吠えて狂った。子供は泣く、犬は吠える。狭い小屋の中は乱脈だ。客人の手前、余り気の毒になって来たので、無頓着の与作も少しく顔を皺《しか》めた。

「仕様がねえ。佐市、お前《めえ》はもう犬を引張って帰れよ。」

「むむ、長居をすると却ってお邪魔だ。畜生《ちきしょう》、今夜に限って何を吠えやァがるんだ。叱ッ、叱ッ。」

佐市は幾たびか礼を云って、早々に犬を逐《お》い立てて去った。まだ吠え止《や》まぬ犬の声は、遠い森の奥に木谺《こだま》して聞えた。

「どうもお気の毒様でごぜえました。あの犬は平生《ふだん》温順《おとなし》い犬なんだが、どうして今夜はあんなに吠えたのか喃。おお、まだ酒はある。はははは。」

与作は残りの酒を手酌で甘そうに飲んでいたが、やがて思い出したように外へ出ると、空には青白い星が光っていた。小屋の隣には人の丈ほどに高い炭窯がある。与作は窯の前に立って扉を開けて見た。火を入れてから既《も》う三四日を経たのであろう、規則正しく積まれた炭は、熟した石榴《じゃくろ》を割ったように、美しいほどに真赤に焼けていた。

何時の間にか旅人も其背後《そのうしろ》に来て、同じく窯を覗いていた。

「もう、明日は焼けますな。」

素人が何うして火加減を知っているのだろう。与作も少しく驚いて対手《あいて》の顔を見ると、旅人は玩具屋《おもちゃや》の前に立った小児のように、紅く焼爛《やけただ》れた炭の火を左《さ》も慕わしそうに眺めていた。

「この炭は何処へ送るんですか。」

「主に東京ですよ。」と、与作は答えながら扉を閉めた。

二人は再び小屋へ帰った。夜《よ》も漸々《だんだん》に更けて来たらしい。これから山越をするのも難儀だから、今夜はここに泊めて呉《く》れまいかと旅人は云う。与作は快く承知したが、与吉は既《も》う蒼くなって死んだ者のようになって了った。

客と主人《あるじ》は焚火の前で、一時間ばかりも世間話をした後に、狭い小屋の中に木枕を駢《なら》べて寝た。与吉は父に縋り着いて夜通し顫えていたが、暁方《あけがた》になって漸《よう》く眠った。

雞《にわとり》のない山奥にも夜は明けて、遠近《おちこち》に晴《はれ》を喜ぶ鳥の声が聞えた。峰や谷を包んだ暁の霧も漸次《しだい》に薄く剝《は》げて来て、明るい朝日の光が木々の霜に映じて閃いた。今起出《おきい》でた与作父子は小屋を出て、谷間の水に嗽《くちすす》いで例の如く朝日を拝んだ。内へ帰って熟視《よく》ると、昨夜《ゆうべ》の旅人の姿が無い。

「阿父さん。あの人は何処へ行《いっ》たろう。」

父子が寝ている中に早く発ったのかとも思ったが、帽子や革包《かばん》は残っている。或《あるい》は近所の谷川へ顔でも洗いに行ったのかも知れぬと、与作は思った。

「怖い人が行って了って、好いねえ。」と与吉は蘇生《いきかえ》ったように喜んでいた。

朝飯を了ってから与作は炭窯を見廻りに行くと、炭は十分に焼けていた。洋服を着た一個《ひとり》の人間も同じ窯の中に首を突ッ込んで、半身は真黒に焦げていた。

「あの旅人は何だろう。」

「矢ッ張り怖い人だったんだねえ。」

父子は黙って窯の前に立っていた。

深夜の客

白銀冴太郎

▽

日本アルプスの秀峰白馬岳《しろうま》の山ふところに抱かれる蓮華《れんげ》温泉——

温泉とはいえど茂る杉の林にかこまれて、ただ一軒の宿があるばかりである。湯はこんこんとして尽きない、山峡の大気は澄んでいる、しかし、不便なために浴客はすくない。

▽

大正三年の秋——山峡の秋は深んで浴客も山を下った。そして、宿は長い雪の冬を迎えて冬ごもりをする準備に取《と》りかかった。

月光の美しい夜であった。

宿の戸をほとほとと叩く音がする。いろりに燃ゆる榾火《ほたび》で山鳥を焼いていた主人は

「どなたですか。」と、声をかけた。

「一寸あけて下さい。山道に迷った者なんです。」

男の声だ。

戸を開けると、青白い月光を浴びて、そこには洋服を着た、鳥打帽をかぶった紳士が突立っていた。

「やあ、どうも有難う、すみませんが今夜泊めて下さいませんか。」

男は微笑を浮かべつついった。

「泊っておいでなさい。そのかわり何もおてなしは出来ませんよ。」

「いや、泊めてさえ頂けばいいのです。」

彼は室内に這入《はい》って靴の紐をときはじめた。主人は不審な客と思ってたずねた。

「旦那は今っ頃、どうしてこんなところにいらっしたんだね。」

「いや、実ぁ、鉄砲を打ちに来たんです。ところが、谷に鉄砲を落してね、その上、道をまちがえてしまったんだよ。一時は、どうしようかと思っていた、幸に、ここの灯が見えたのでやっとたどりついたんです。おかげで生命《いのち》びろいをしました。」

「そりぁえらい目にあいましたね。旦那はどちらの方です。」

「東京の者なんだ。今日、糸魚川《いといがわ》口から登ったんだよ。」

紳士は炉端ににじり寄った。

「山鳥をやいているところです。これでよかったら御飯をおあがりなさい。」

「そいつぁ御馳走だね。じゃあ、頂きましょう。」

「温泉に這入りませんか。」

「いや、御飯を先に頂きましょう、なにしろお腹がぺこぺこなんだから。」

主人は食事の仕度に取かかった。彼は、この春に妻をうしなって今では八つになる男の子と二人っきりでこの山の温泉を安住の地としているのだった。

▽

飯の仕度をいそいでいる主人はふと、奥の部屋で八つになる男の子がはげしく泣き出す声をきいた。

「これ、何を泣くんだ。」

子供のところに飛んで行った。

少年は真青な顔をして、身体をわなわなとふるわせていたが、父親を見ると、飛び起きてしがみついた。

「父ちゃん怖いよ。」

更にはげしく泣くのである。

「何も怖いことはない。お前、夢でも見たんじゃないか。」

少年は泣きながらはげしく首をふった。

「いいや、怖いんだよ、父ちゃん、怖いんだよ。」

「何が怖いんだ。」

「父ちゃんあの人が怖いんだよ。」

少年はさっき来た紳士を指しつつ父親にしがみつくのである。

「あの人が。」

主人は紳士を見た、彼は、煙草をうまそうにふかしていた。別段、怖《おそ》ろしいものはなかった。

「馬鹿だね、あの人はお客さんだ。立派な旦那だ。ちょっとも怖くはない。」

「いいや、怖いよ、怖いよ。」

気がつくと裏口に飼っている二匹の犬もさかんに吠えている。それが山峡に響いて主人も身ぶるいするような凄さを感じた。

主人は少年を抱きしめながら考えた。

「畜生！　あの洋服男は狐かも知れないぞ。焼鳥の匂いにつられてばけて来やがったんだ、きっと。」

山峡の人は狐がばけることを信じている。だから、犬が吠えたり、子供が怖《おび》えたりするので狐を連想したのだ。

「鉄砲を射ってやろう。狐なら正体を現して逃げるだろう。」

主人は子供をつれて裏口からこっそり外に出た。

月は美しく冴えていた。秋の虫がしげく啼《な》いていた。犬はしきりに、家の中に向って吠えている。

主人は鉄砲に弾丸をこめると、空に向って一発ズドン！と放った。弾丸が螢のように飛んでいった、更に一発、夜の静寂を破って発射した。

そっと、家の中をのぞくと例の紳士は平気な顔をして煙草をのんでいる。

「狐じゃあない。」

主人は思った。

が、犬が吠える、子供は矢張り泣いて怖える。

「どうしました。狐でもいたんですか。」

紳士がきいた。

「へえ。」

主人は答えた。

「父ちゃん、あの人怖いから帰しておくれよ。怖いよ。ね、怖いよ。」

妻をなくしてから母のない子を熱愛している主人は子供の怖えが甚だしいのと、犬があまり吠えるので紳士が薄気味悪くなって来たので決心した。

「旦那、まことにすみませんが、お泊めすることが出来ません。」

「どうして。」

「実ぁ子供が旦那を怖ろしがるものですから。」

紳士は顔色をかえた。わなわなとからだをふるわせた。

「お願いだから一晩泊めて下さい。」

「それが今もいったように子供がこの通り泣いていやがりますので。」

「困ったな。」

「私も困ります。すみませんが出ていって下さい。」

紳士はふと立上《たちあが》った。だまって靴の紐をむすびはじめた。戸を開くと、犬が更にけたたましく吠えた、紳士は逃げるように去って行った。

▽

十分間ばかりも経った頃に又もや表戸をはげしく叩く者がある。

「開けておくれ。」

主人は気味が悪くなったので返事をしなかった、子供は、怖えつつ更に縋《すが》りついて来たのだ。

「おい、開けておくれ、私だ、駐在巡査の松野だ。」

確《たしか》に松野巡査の声である。

主人は表戸を開けた、巡査は和服で突立っている。

「早速だが、お前のところに洋服を着た四十ばかりの男が来やしなかったかい。」

「参りました。」

「泊っているかい。」

「ことわりました。たった今、ここを出て行きました。」

「今、そうか、有難う。」

巡査はたちまちに山道の方へ走り去った。

と、思うと、白樺の密林の方にあたってはげしい人声が起こった。主人は、鉄砲を持ち出してその方向に走り出した。

が、向うからさっきの洋服男を縛りあげた巡査が山を下って来る姿を見た。

「旦那、つかまりましたか。」

「有難う、わけもなく捕《とら》えることが出来た。おかげで大手柄だ。」

「旦那、その男は、何か悪いことでもしたのでございますか。」

「人殺しなんだ。越中で、若い女を殺して逃げて来た悪いやつだ。向うの警察からの手くばりでここに逃げ込んだことが分って追跡して来たんだ。」

「人殺し！」

主人はぞっと身ぶるいをした。

犯人は深くうなだれて顔もあげなかった。そして、巡査に護送されて山道を下ってゆくのである。月は、彼らにもあざやけく照り冴えていた。巡査の提灯《ちょうちん》が人魂《ひとだま》のように遠ざかってゆく。

▽

家に帰った主人は子供に向っていった。

「あの男は怖ろしい人殺しをしたやつだったが、俺ぁ不思議でならない。人殺しときけば恐ろしくなるがお前は、何も知らないのにあいつが怖ろしいといった。お前、どうして怖ろしい男だと分ったんだい。」

　子供はまだ唇を紫色にしてふるえていた。

「父ちゃんは見なかったかい。」

「何を。」

「怖ろしいものをさ。」

「何も見やぁしなかった。」

「父ちゃん。あの人がすわっていただろう、あの時にさ。」

「何かあったかい。」

「背中にだよ、あの人の背中に、血みどろになった、髪を振乱《ふりみだ》した若い女の人が、怖ろしい顔をしておんぶしていたよ。」

「えッ！」

　主人は総身に水でもぶっかけられたように怖えた。

「そしてね、あの人が出て行っただろう、その時にさ、おんぶしていた若い女が、背中からはなれてあの人の後からふわふわと歩いてついて行ったよ。そして、家の戸口まで行った時、父ちゃんや、俺の顔を見て、ニタニタと笑ったんだよ。」

　主人は真っ青になって子供に抱きついた。

▽

痴情ゆえに女を殺した彼は糸魚川警察署でおびえながらいった。

「悪いことは出来ません、女を殺して逃げ出すと、たった今殺した女が血みどろの姿そのままで私の背に縋りついているんです、逃げても逃げてもはなれないんです。冷たい手で私の襟首をぐいぐいしめつけます。ですから、こんな怖ろしい目にあうのなら死刑になった方がましだとさえ思いました。捕まってから女の幽霊は私の背中からはなれてしまいました。でも、今でも、冷たい手が私の咽喉《のど》に蛇のように巻きついているような気がしてなりません。」

涙が、頬を伝うと、留置場の床にほとほとこぼれてゆくのであった。

蓮華温泉の怪話

杉村顕道

白馬岳の山ふところに蓮華《れんげ》温泉と云うも名ばかりの一軒家が、鬱蒼たる杉林にかこまれて、寂しく立っている。湧出量も相当に多く、山峡の気は此《こ》の上なく澄み切っているが、不便を厭《いと》うてか浴客は誠に少ない。

明治も三十年を数えて、其《そ》の年の秋のことであった。浴客もすっかり山を下って、宿はもう冬籠りの準備をしようとしている頃であった。或《あ》る月の美しい夜、ほとほとと宿屋の戸を叩く音がした。主人は其の時、囲炉裏《いろり》の榾火《ほたび》に山鳥を焼いていたが直《す》ぐに、

「どなたか。」と、声をかけて見た。

「一寸《ちょっと》あけてくれませんか。山路に迷って閉口しているんです。」確かに男の声だ。

主人は戸を開けた。そこには青白い月光の中に、洋服姿の鳥打帽子の紳士が一人立っていた。

「どうも有難う。今夜は泊めて貰えるでしょうね。」男は微笑《ほほえみ》を浮《うか》べながらこう云ったが、何か

なしそわそわ落ち着かぬ風が見えぬでもなかった。

「泊まっておいでなさい。そのかわり何の御もてなしも出来ませんよ。」

「何それどころじゃない。泊めてさえ貰えれば結構です。」

客は上りがまちに腰を下して、靴の紐を解き始めた。

「旦那、今頃どうしてこんな所に来られたんです。」主人は不審《いぶか》しそうに問うた。

「何ね、鉄砲を打ちに来たんですが、大事な鉄砲は谷に落すし、道には迷う、いやどうも実に弱りましたよ。幸いにここの灯が見えたんでね。お蔭で生命拾いをしたと云うもんです。」

「そりゃどうも飛んだ目にお逢いなすった。時に旦那はどちらの方です。」

「東京ですが、今朝は糸魚川口《いといがわ》から登りました。」

「そうですか。今山鳥を焼いてたんですが、よかったら、こいつで御飯を如何《いかが》です。それともお先に御湯にお這入《はい》りになりますか。」

「それは物凄い御馳走だ。御飯の方を先にして頂きましょうか。何しろ腹がすいてやり切れない。」

客は炉端ににじり寄って、如何《いか》にも一安心したと云う容子《ようす》、主人は早速食事の用意に取りかかった。主人はこの春妻を失って今年八歳になる男の子と侘びしい二人暮しだったが、此の時急に奥の部屋で子供のはげしく泣き出す声を耳にした。

「何を泣いているんだ。坊や。」

食事の支度の手を離して奥の部屋を覗いて見ると、子供は無花果《いちじく》の実の様な真青《まっさお》な顔をしてわなわな身を顫《ふる》わせていたが、父親の顔を見ると、ばね仕掛のように跳ね起きて、しがみついた。

「父ちゃん怖いよ。」

そして子供は更に烈しく泣き出した。

「馬鹿だな。何も怖い事はないじゃないか。お前夢でも見ていたんだろう。」

子供は首を頻《しき》りに振って、

「いいや、父ちゃん怖いよ、あの人が怖いんだよ。」

と最前宿を求めて来た鉄砲打ちの紳士を指ざしながら、尚もはげしく父親にしがみついた。

「あの人が――」

主人も何となく薄気味悪さを感じて、紳士の方を見ると、彼は囲炉裏端《ばた》でうまそうに煙草をふかしていたが、別段に怖しい事もあろう道理がなかった。

「馬鹿だね、お前は。お客様だよ。あの方は、立派な旦那じゃないか。何が怖いものか。」

「いいや怖いよ、怖いよ。」

気がつくと、此の時裏口に当って、宿の飼犬が二匹俄かに烈しく吠え立《たて》ている。それが山峡の静寂を破って、反響《こだま》して、思わず主人も身震いするような物凄さだった。で、子供を抱きしめながらも主人は考えた。

「畜生！　うっかりするとあの洋服は狐かも知れないぞ、焼鳥の匂いに惹かされて、化けて来やがったんだ。」

で、果して狐ならば正体を現わして逃げだすだろうから鉄砲を打って驚かしてやろうと、主人は子供を連れて裏口から、こっそり外に出た。そして鉄砲に弾丸をこめると、空に向って一発放った。それは恐ろしく大きな音で山峡に響きわたったが、紳士は平気な顔で煙草を燻《くゆ》らしていた。

「狐じゃない。」と主人は思い直した。が依然として犬は吠え出てるし、子供は火のついたように泣き止《や》もうともしない。

「どうしたのです。狐でもいたのですか。」

紳士に聞かれて、主人も仕方なしに頭をかいた。

「父ちゃん、あの人怖いから帰しておくれよ。ねえお願いだからさ。」

親一人子一人で、妻がいた時よりも一層熱愛している子供が、こうまで怖《おび》えるのを見ては主人も愈々《いよいよ》決心しなければならなくなった。

「旦那、どうも誠に相《あい》すみませんが、お泊めする事が出来なくなりました。」

「どうしてです。」

「実は子供が旦那の事を怖がって仕方がないんです。」

すると紳士は俄然顔色を変えてぶるぶる身体をふるわせ出した。

「お願いだから、そんな無茶を云わずに、今夜一晩だけ泊めて下さい。」

「それがお泊めしたいのは山々なんですが、今申し上げた通り、子供が怖がって此の通り泣いているもんですから。」

「困ったな。」

「どうも私も困り切っていますが、どうぞお帰りになって下さいませんか。」

紳士もこうまで云われて見れば、止むを得ないと断念したものか、つと立って靴の紐を結びはじめた。そして戸を開くと、逃《にげ》る様にして外の犬のけたたましい泣き声の中に飛び出して行った。

するとへ半時たって、又もや表戸を猛烈に叩く者がある。


「開けてくれ。」

然《しか》し主人は薄気味悪くなっていたので返事もしなかった。

「おい何故開けないのか。私は駐在所から来たのだ。」

声は確かにS巡査に相違なかった。主人はバネ仕掛のように跳び上って戸を開けた。其処《そこ》には亢奮《こうふん》したS巡査が和服姿で塔婆《とうば》のように立っていた。

「お前の家に今しがた四十がらみの洋服の男が来なかったか。」

S巡査の声は心なしか少しばかり上ずっていた。

「へえ、参りました。」

「今もいるかい。」

「いいえ、今しがた出て行ったばかりです。」

「そうか、すまなかった。」

言い捨ててS巡査は白樺の密林沿いに、山道の方へとってかえした。

それから間もなくだった。恐らく三十分とは経つまい。急にはげしく罵り騒ぐ人声がして、主人は何かしらソワソワした気持に、鉄砲を持ち出して戸外に走り出した。

すると向うから最前の洋服男を縛り上げたS巡査が、額のあたりから血潮さえ流して、下って来た。主人は呆然としていた。

「有難う、お蔭で捕えることが出来た。」

「へえ、旦那、その男は何か悪い事をした奴ですか。」

こう問うて男の顔を凝視《みつめ》た時、男はぐんなりと首垂《うなだ》れて、主人の視線を避ける様子だった。

「ああ殺人犯人だ。越中で女を殺して遁《に》げ込んで来たんだ。向うの警察から手配があって、ここまで追跡して来たんだが、いやお前のお蔭で私も大手柄さ。」

Ｓ巡査は顔一面に笑《えみ》を見せたが、人殺しと聞いて主人はゾッとさせられた。男はＳ巡査に護送されて、山道の月光を浴びながら下って行った。

主人は急に家に残して来た子供の事を思い出して急ぎ足に家に帰った。子供は未だ唇を紫にしてブルブル震えていた。そして父親の姿を見ると、いきなり跳び付いて来た。そして云った。

「父ちゃん、怖かったね。あれ見たろ。」

「何を。」

「何って、あの人が座ってる時にね。――」

「何かあったのかい。」

「あの人の背中に、血みどろの若い女の人がとても怖い顔しておんぶしていたよ。」

「えっ。――」

主人は総身に水をぶっかけられたように、ゾッとして思わず尻餅をついた。

「そしてね、あの人が出て行った時、その女の人フワフワ後から歩いて行ったよ。坊やの顔みてニタニタ笑うんだよ。」

「小僧もう止めろ」

主人は真青になって子供を抱きしめた。

犯人は間もなく死刑台の人となったが、「悪い事は出来ないものです。あの女は何時《いつ》も、血みどろの姿で私の背に縋《すが》り付いていて、ふり放そうとしても放れません。今でも冷たい手で私の首を締めつけます。こんな苦しい思いをするより早く死刑にして頂く方が余っ程ましです。」

と語ったそうである。

一ノ倉の姿無き登山者

岡部一彦

山登りも長いことしているとどう考えてもわからない事や不思議な経験をすることも多い。初めのうちは疲れ切っていたから幻影を見たのだろうとか、偶然だったんだ、などと自分自身を納得させる場合もあるが、中には未だに何とも理由のつかないことも多い。また、中には自分にはわからないのだが、そういう不思議な現場に居合せて巻き込まれてマゴマゴした経験もある。だいたいこんな時は後になって気味悪くてゾッ！　とするもので、当座は只々訳がわからずポカン！　としてるのが普通だ。それだけに今になると、山登りなど自然の中では、人間社会の常識では理解出来ないことがまだまだたくさんあるのだ、とうけとる様になった。不思議な事や理解出来ないことに出合っても、「山だからあたり前なんだ。珍しい経験をさせていただいた」と思う事にしている。

戦前の一ノ倉なんて場所は少数のごく一部の登山家だけで、山好きの若者の遊び場ではなかった。私達も当時のトップクラスの登山家にあこがれて張切って一ノ倉へかよったものである。一回行けば三日～四日。休みの時は一週間から一〇日は旧道の出合《であい》へ天幕を張って仲間と楽しんでいたものだ。日曜祭日以外は他の登山家に会うことも少く、一ノ倉を独占している様な気で楽しかった。当時の若者にとっては気宇壮大な毎日で一人前の登山家にでもなった気分だったのである。

或《あ》る晩の事だった、ふと寒さを感じて目がさめた。時計を見ると三時を廻ったばかり、小用に立つつもりでゴソゴソシュラフから這い出すと相棒も目をさましてついてきた。「江戸ッ子のツレションと行くか」と天幕からはなれ星空を見上げながら並んで用を足していると一ノ沢の出合あたりで岩を踏んでくるナーゲル（鋲靴）の足音がする。

「おい！　誰か来るぜ!!」水音にまじってカチッ!!　カツッ!!　と確かに音が聞こえる。

「今頃誰だろう？　俺達の外にはいないハズだがナ？」登ってくるのならまだわかるが、こんな時間に一ノ倉を下ってくるなんて考えられない。

二人とも一時は空耳かな？　と思ってあらためて耳を澄ますと確かに聞こえるのだ。しかも、こちらへ近づいて来る。

「イヤッホー!!」声をかけても返事は無い。

「遭難者かも知れんぞ」相棒は天幕へ懐電を取りにもどった。

遭難者にしては足取りの確《しっか》りしたリズムのある足音である。ピッケルが岩に当たる音も聞こえる。確かに人が下ってくるのだ。

「おーい！　どうしたァ!!」かえってくるのはコダマばかり。その内に音だけでなく、ナーゲルが岩に当たる火花が見え、時々ピッケルの火花がチカッ！　と光るではないか。「おうい！　こだここだ」と懐電を振り廻しながら二人で迎えに飛びだしたのである。ところが火花と足音はするのだが姿が見えない。

「あれっ？」と思って立止《たちど》まっていると音はどんどん近づいて来るし、火花も川原の石を次々と渡ってくる。大きな石の上にピッケルが見えた。雲が切れて月が出るとピックがギラリ!!　と光ってこちらに近づいて来る。ガチッ！　ガチッ！　とナーゲルの音がするたびに火花が散り、まるで人が持っているかの様にピッケルがゆれながら動き、時々石突きが石に当たってまた火花が散るではないか。我々は呆れかえって見ているばかり。ピッケルと火花はわきによけた我々の目の前をリズムを崩すことなく通り過ぎて行った。足音は天幕をよける様にして旧道に入って行く。

「何だ？　あれは……」二人とも旧道へ走った。かすかに落葉の踏む足音だけが旧道の木立の中へ消えて行ったのである。

二人とも寝呆けてもいなかったし、また、幻覚を見るほど疲れてもいなかった。いや、それどころか連日の岩登りで元気一杯、体調もベストコンディションだったのである。しかも二人とも同じものを見たのだから結論の出し様がない。ただ、不思議なことに二人とも恐ろしいとか、不気味な思いというのが一つもないのである。それどころか同じクライマーとしての友情みたいな親しささえ感じていた。姿こそ見えなかったがあいつも同じ登山家だったのだという気持である。

何年かたって剱沢《つるぎさわ》の小屋で佐伯文藏にこの話をしたら、彼も同じ経験があると言っていた。

剱沢の小屋で夜中に剱沢を登ってくる足音に目をさまし、入口がわからないのじゃないか？と灯りをつけて外へ出てみたのだそうだ。姿無き登山者は入口に立っている文藏には目もくれず、ピッケルとナーゲルの火花だけが小屋を素通りして御前小屋の方へ登って行ったとの事である。

「なんだ！　岡部さんも見たのかい？　このくらいのことは山じゃよくある事だヨ」と文藏の先輩の爲吉がごく当たり前の事の様に結論をつけた。

この爲吉という人は芦峅寺《あしくらじ》でも特種な感覚と能力を持っているらしい。小柄で片足に障害がある様だが猟師としては芦峅寺でもトップクラスのベテランで、文藏や志鷹光次郎でさえ一目おいていた存在である。戦前、海軍航空隊の戦闘機が八ツ峰に墜落しているのを発見し、光次郎と二人で雪の池の谷を三〇分で駆け下って村の駐在所へ連絡したというから、池の谷をストレートに通った初めての人間であろう。

この爲さんには文藏と二人でおどろかされた事がある。

冬山の荷上げに、或る晩秋に文藏と二人で大荷物を背負って称名の滝から八郎坂を登って日暮れに弘法小屋へ入った。

小屋に近づくと犬が出て来た。文藏が「ありゃ爲さんの犬だ。声でわかるヨ。猟の下見に来ているんだ」小屋へ入ると犬は嬉しそうに文藏にまつわりつき、爲さんもにこにこ顔でむかえてくれた。早速爲吉の捕ったウサギをぶつ切りにしてカレーを作った。爲吉はカレーが大好きである。

彼の知っている只一つの洋食なのだ。

夕食が終り、床下からドブロクを出して三人で盛り上っていると犬が火がついた様に啼き出した。「こらっ！　静かにしろ!!」と怒鳴っても静まるどころか土間をかけ廻っては入口に向って吠え続ける。「うるせえナ！　外へ出たいのか？」と立ち上って戸を開けてやったが、気が狂った様に吠え続けて出たり入ったり。余りの異常さに皆あっけに取られたが爲吉の顔がみるみるけわしくなった。ふりかえって鉄砲を取ると油布を出して手入れを始めた。

「誰か来たようだぜ」文藏が立ち上がると同時に一人の男が入ってきた。今まであれだけ騒いでいた犬が耳を垂れ、尾を足の間にはさんでクンクンなきながら土間から跳び上ると囲炉裏端《いろりばた》にいる爲吉のうしろにかくれた。

男は、と見ると背広にレインコートを着た若いやさ男である。紳士靴が泥だらけで登山客でないことは確かだ。だいぶ疲れている様で暗いつきつめた表情をしている。ドブロクの茶碗を渡すと「有難うございます」と丁寧に頭を下げると一気にのみ乾《ほ》してしまった。余程のどが乾いているのだろう。

「どこへ行くんだ？」文藏が聞くと山越えをしたいのだが道を教えてくれと言う。

「今からじゃ無理だ」と引き止め様としたがどうしても行くと言ってきかない。文藏と二人で何とか引き止め様としていると日頃親切でおとなしい爲吉が厳しい口調で、

「よし！　道を教えてやる。岡部さん懐電をかしてやってくれ」

と言うと追分から立山《たてやま》温泉へ行く道を教えてやった。

我々があっけに取られているのを尻目に男が出て行くとやっとホッ！　とした雰囲気が流れ、まだブスッ‼　としている爲吉に犬が跳びついて手をなめたり顔をナメたり。

「何《な》んだあの野郎、あれじゃ遭難するぜ」と文藏と話していると爲吉は念仏をとなえながら塩を撒いたりドブロクを小屋の四すみに木の葉で撒いてお祓いをしている。

何かあったんだナ！　勘のにぶい私にもその異常なムードだけはわかった。文藏に言わせると爲吉の犬は猟犬の中でも剛気な犬であんなに怯《おび》えた姿は見た事がないという。爲吉の緊張がほぐれ、顔色がもどるのを見て文さんが「お清めをしようぜ」とドブロクの丼を廻すと、爲吉の重い口が開いてポツリポツリと話し出した。この話には私は勿論、あの強気の文藏でさえ色を失ってふるえ上ったのである。

爲吉は、犬が騒ぎ出した時から異常さに気がついたそうである。これは何かあるナ、と思って何となく銃の手入れを始めたのだそうだ。男が入って繰《く》ると酔《よい》が醒めて頭の芯が冷たく冴えてきた。何だろう何だろう、と思いながら銃を磨き何げなく銃口から男の方をのぞくと、血まみれの女が男の背中に負ぶさっているのが見えた。びっくりして銃を下ろして見ると男だけしか見えない。オヤ？　と思ってまた銃口からのぞくと、ドブロクを飲んでいる男の背中には確かに女が取りついているではないか。何回かくりかえしてみたが女が見えることに変りはない。こんなのと一緒じゃロクな事は無いと思ったので追い出したのだそうだ。爲吉曰《いわ》く、「我々人間には見えなかったが犬は初めから見えていたんだナ」という事だった。

二の句がつげないというのは正にこの事である。文藏と顔を見合せて、ごく当たり前のことを話す様な調子でポツリポツリとドブロクを飲みながら話してくれる爲吉の顔をしみじみと見ていたのだった。平然と囲炉裏にあぐらをかいている爲吉のヒザのわきに、犬は長々と寝そべって何事もなかった如くノンビリしているのを見ると、今あった事がまるでウソの様だ。

翌朝出発の荷造りをしている所に志鷹光次郎を先頭に警察と地元の消防団が入ってきた。久闊《きゅうかつ》の挨拶をしていると警察が、「男を見ませんでしたか？」と聞く。「何があったの？」と言うと、「富山の寺の息子が水商売の女に入れあげたあげく、女を殺して逃げた。非常線を抜けるのはこの立山越えのルートしかないので……」という事である。立山温泉へのルートを教えた事を話すと皆大喜び。立山温泉はもう手配ずみだから袋のネズミだ、とお茶をわかして休んで行った。

後で聞いた話だが、連絡をうけた立山温泉に張り込んだ警察が御用にしたそうである。私の貸した懐中電灯を持っていたのが目印になったという事だった。

*
*
*
*
*
*

山村民俗随談

柳田國男

後狩詞記　私の最初の著書の『後狩詞記《のちのかりことばのき》』（私版）を出したのは、私の三十五歳のときで明治四十一年だった。あそこではバスでゆくが、あのとき案内した村長が未だ生きていて、最近きて、もう上京出来ぬ、別れに来たと云って、自分で作った矢を二本土産《みやげ》に置いて行った。広い村で、全体で淡路島位あった。歩くのに二十七日間もかかりそのあいだ始終一緒に歩いた。そして私の興味の持っている狩の話をポツリポツリして呉《く》れた。或《あ》る旧家に泊ったら珍しい巻物を手に入れ、それをうつして呉れた。あの本はこれらを材料にしてまとめた。

帰りに霧島へ参拝した。あの本は長い序文を附けて再版したい。いろいろの意味で私には記念の書である。足利時代の本に狩詞記というのがあって鹿狩の作法が書いてあるが、こっちは猪だ。そしてこの本の題名は狩詞記の上に後のと冠してしゃれたのだ。

山の神　山の神は名は神でも樵《きこり》の神も狩人の神も百姓の神も違う。それをこっちの学者は同じと思って扱うので論旨があやふやになる。彼らはいろいろ山を歩きながら群《むれ》が違う。彼らの神は単に山に祭る神で大山祇《おおやまつみ》でも何でもない。彼らの神はいつもは山にいて田仕事のときだけ田へ下る、そのときだけ祀る、正月神や貧神様と同じだ、大山祇は樵の方だ、あれを一緒にするのでこじつけになる。

富士の神は木花咲耶姫命《このはなさくやひめのみこと》としてしまったのは大山祇の子だからという理由からで、この理窟は足利時代に生じたらしい。

平家落人説　平家落人里の全国にひろがっているので一番濃いのは山村の五六軒残っている部落だ。これは戦乱のひどい時代に山へ入ってしまえというので入ったものの名残りだ。単純な武士の没落ではない。北では秋田県の由利郡にもありここは小松の名許《ばか》りだ。音楽家の小松孝輔君がここの出だ。

南会津の檜枝岐《ひのえまた》も有名だが、民俗学研究所の理事をしている今野円輔君が「檜枝岐民俗誌」を出した。檜枝岐は大抵一晩で去る所なのに今野君は七日もいて調べた。そのわけは元来今野君は福島でも海岸の相馬中村の人だが、姉婿が南会津へ行っているのでそのついでにこの村を尋ねて長期に渉《わた》って調べたわけだ。

檜枝岐には金子総平君のような熊の研究家も入っている。

森谷周平という新津《にいつ》の鉄道の人で、これは飯豊《いいで》山や御神楽《おかぐら》岳を調べて半生を費して山言葉の研究をやるといっている。

会津の山旅　会津は湯の花まで知っている。大正四年西洋人の夫婦二人を連れて行った。最初にうんと難儀させようとまず那須へ登って三斗小屋へ泊り、大峠を越えて会津田島に入り二晩泊った。田島は祭礼だった。つな引の屋台車が四台も出た。それから湯ノ花に入り、只見川の御蔵《おくら》入りから六十里越を越した所の只見の一軒家に泊り、野沢から越後に出て新潟で休養した。それから三条へつれて行ったが、家もよく稲が実り日が沈むと入れ代りに月が出てそれがキラキラ稲に光りすばらしい月夜だった。

その後大正十一年から十二年に渉りイギリスに行ったときこの西洋人の夫婦に逢ったら越後の月夜は忘れぬといった。

五十五年前の奥日光　初めて山へ行ったのは日光で二十歳の夏で田山花袋と一緒だった。日光奥の湯元まで行って一箇月もいたが、このあいだ家族と行ったら全く変っていた。ことに戦場ガ原が変っていた。

明治二十七年で高等学校の予科二年のときだった。大谷川《だいや》が崩れて渡れぬので最初の晩はお寺へ泊った。戦場ガ原の三本松の辺りは谷地《やち》がかってよかった。鬼怒上流の栗山へは田山君は戦場ガ原を越えて行ったが、私は行かなかった。田山君は素足に草鞋で、凄い馬力で歩き昔は痩せていた。

山伏の問題　山伏と一般民衆との関係が誇張されたのは事実だ。最初の問題を答えられる人はない。私達はあの日本人の特徴がどうなったかを探るのは興味ある問題だ。

根拠は稀薄だが、昔山の麓にいたのがあのような信仰を持ち、だんだん天台、真言、密教の影響を受けて山へ入ったと思う。

高野《こうや》を調べると大和《やまと》の突端の野迫川《のせがわ》は高野を通ってゆくのが一番よい。ここは山村生活を調べるには良い所だ。箸や木材手工業をつくったりして高野へ持って行って売った。部落は五つ六つ離れてあった。ここは奈良の人高田十郎君の野迫川の特集がある。吉野、高野の中間の山地帯は未だ古い。われわれの方からいうと宝庫だ。純然たる羽黒山伏より山伏化したものから調べるのによい。

狼綺談　狼は善人に害せぬという信仰は広く行われている。土佐には狼の話はありすぎる程あり私も『桃太郎の誕生』に書いた。犬はじきともお犬除けともいって鎌を新仏《あらぼとけ》の墓へ刺して置く風習がある。

中国（岡山）の山中の一軒家で、月夜にチリンチリン鈴の音がするので戸をあけてみると白衣の神主を狼が引きずってゆくのであった。鈴の音は神主の袂《たもと》の中の鈴がひきずられながら鳴っているのであった。私はこれを凄い話と思って聴いたが、この話は秩父にも、笹子の山の中にも、信州の奥にもあり、いずれも中国と同じなのは月夜で鈴がなるのに符号が一致していることであった。

狼の話は綺談的に興味があり信仰的の味はない。むしろ説話研究の面白味がある。

青ガ島綺談は私も書いて残して置くはずだったが井伏鱒二が出して仕舞った。あの話はあれから後日譚がある。

登山口の盛衰　印象に残る山村として面白く頭に残っているのは白山の麓の石徹白《いとしろ》である。政治的の村で早く入った者に特権があるという所だ。反対の白峰《しらみね》の方にも同じ所がある。

白山には登山口が三つあり、平泉が一等、美濃が二等であるが、平泉は今は町になっている。平泉に拮抗して石徹白の道がごく自然について表口という感じがする。登山口の盛衰のあわれは白山を研究した人でないと分らない。

私は長良川の上流のあみだの瀑へゆき、そこから檜峠へ上りそこから下りると石徹白の部落の中程であった。今の油坂（県道）より三里ほど上《かみ》だ。

東北では鳥海《ちょうかい》山は地理学的に調べているが庄内からでなく裏側からだ。鳥海の裏には滝沢、小滝、百宅《ももやけ》の三つの道がある。元禄の頃頂上の領域を訴訟して庄内と争ったが負けて亡びた。順の峰入り、逆の峰入りで、政治的の喧嘩をしたわけだ。山伏がバラバラになり信仰もこわれた。

奥州駒ガ岳も登山口を争ったが負けた方は今は入口すらない。これは南部、仙台、秋田道が争ったのだ。相州大山も蓑毛《みのげ》の方が古いのだ。今は御師《おし》の家が残っているだけだ。

出羽三山の羽黒口が繁昌したのは酒田が尻押ししたためだ。登山者は月山《がっさん》へゆくのにわざわざ新庄に出て羽黒口を登った。

峠歩き　一時峠道楽で旅すれば必ず峠へ登り全国の峠を全部登ろうと張切ったものだが、このあいだ調べたら半分位しか歩いていなかった。この中で信州小河内峠は忘れられない。遠山へ出る峠で伊那から見えている。山林官とつき合っていたのでここへはよく登った。今は大分ひらけている。

越後から山形へ越す葡萄《ぶどう》峠は人力車で越えた。ここより北にある峠はわざわざ行く価値がある。汽車が海岸を通っているので古いものが今も残っている。山北から二里位で海なのに庄内へ出られる。大鳥川の頭に出てくる水源に近い所から部落が出来ている。

相模ダムに民俗学研究所の中村良輔君がいるが、このダムには若い土方が一人いて昔噺の名人だったので、中村君が筆記して出そうじゃないかということになった。私らのおはこにしているおしらさまの根拠地だ。ダムには寄り集りがくるので、中村君は土方の話を丹念に筆記している。

海添いの旅　一番奇抜な海岸は『雪国の春』に書いた宮古から八戸《はちのへ》への旅で三泊して歩いた。海岸までテレスが出て川が入り段を下りまた上ってゆくのだった。地味もよくない淋しい所だった。その後仲間が大分行って開拓した。このあたりの小さい入江は海嘯《つなみ》がおそう所だったし最近また海嘯があった。安家《あたか》辺りへくると少し拓け野田へゆくともう拓けている。見上げるような萩が生え、芒《すすき》と萩の中に細い径《みち》を分け、昔の奥州路もかくやと思われた。

出羽三山でも奥州駒でも蔵王でも、登拝者は大抵漁師だ。これは海で淋しいとき、海上からみえるあの山に今度帰ったら登ろうと思うのだろう。

山の伝説　法制局を止《や》めたのは大正三年だったが、その前にいた山林局長が元同僚で金があるから旅行しろといわれ、帰るとこんにゃく版で報告書を出すのだった。その年道志の川について月夜野へいった。この名は方々にある。群馬の三国峠にもある。そこだけ明るい所で月がよくみえるから、山の登り口にはよく月夜野があるが、私が最初に知った月夜野はここだった。ここで囲炉裏《いろり》のカカザの名を教わった。

山の中には伝説がある。長者屋敷という地名がありそこからは土器が出る。丹沢には長者平とか長者池などがある。『地名の研究』執筆時代、長者の伝説を調べていたが、ここを歩いてみたら山中房居《ぼうきょ》とて巫《みこ》が無人の所で修業していた。

飛騨の宝川にある巫平という地名はこの山中房居の名残りであろう。仏教から入って行《ぎょう》をする、祭壇をつくったりしたので後人《ごじん》が動かされるわけだ。このような信仰的地名が無人の山中にあるのは注意すべきことで、いろいろ調べたら面白いであろう。

地図について　昔の人家は畠の廻りだけで山野の境界はなかった。今は富士のてっぺんまで堺があるが、村にあって入会《いりあい》がはっきりしたのは人口が稠密《ちゅうみつ》してからで新しいものだ。享保とか寛政とかの時代、一段平和が熟してきたとき生れた。

伊能忠敬の図幅創成から陸測二十万分、さらに今の時代になるまでは随分山旅にも迷わされた。二万五千分まで出来ているが、私の歩いた頃は急ごしらえの地図を持って歩いたものだ。版木になった昔の絵図の正保図等は本物だ。武蔵風土記に出るのもあるが、それより古い版になったのはないだろう。

最近出た京都市役所版の『京都市地図編』は私らがみても面白いから、京都人がみたらさぞ面白いだろう。

山行について　山へゆくには多勢でゆくのでいけなくなる。若い人は群を成してゆくから摑むものもつかめないでかえるのだ。

山岳会の人にあって、一人一人の職業をきくと皆違っているのが面白い。が、この多くの人の中に山の民俗を研究する人があってもよいと思う。

〔附記〕戦後「山と溪谷」に御執筆を乞うたが、御多忙の柳田先生にはそれが許されず、私との座談を適当に記文としてまとめて出すことは差支えない、ただし速記者では困るというので、久し振りにまた私が成城の柳田邸へ出向いた。

別に何をまとめて話すというのでなく、文字通りの山村民俗随談を二時間許《ばか》り行い、それを取りまとめたのだが、先生にはそれに目を通すとなると又時間をくい労力を費すから一切出来た原稿には触れないということで、発表される運びとなった。

この中のどの一つの章をとっても一冊の単行本となるテーマである。それをこのように断章としてかいたので内容的にも先生の意を尽くしていない。だが古稀を迎えられた、そしてかつては日本山岳会員でもあった先生の山への愛の片鱗を私たちはこの中から汲みとることにしたい。

（川崎隆章）

編者解説

東　雅夫

二〇一六年の二月に上梓した『文豪山怪奇譚』が、幸いにも好評の由《よし》で、このほど続篇となる本書を編纂刊行するはこびとなった。

ただし、続篇といってもコンセプトは大きく異なる。

前著は近現代の文豪たち十二名が手がけた、山にまつわる幻想と怪奇の小説と散文詩を精選収録したアンソロジーだったが、今回は実話——俗に実話怪談とか実録怪談などと称される分野の作品のみに的を絞ったセレクションとなっているのだ。

なお、この分野のジャンル名は、実話怪談ではなく「怪談実話」と表記するのが、日本語として真っ当と思われるため（たとえば怪談小説、怪談映画、怪談噺を、小説怪談、映画怪談、噺怪談と表記したのでは意味をなさないだろう）、本書では以後、怪談実話という名称で統一することにしたい。

さるにても、ここ数年の「山の怪談」出版ラッシュには、目を瞠《みは》らせるものがある。

田中康弘『山怪』（二〇一五）の記録的大ヒットに先導された、山と溪谷社の通称〈黒い本〉シリーズが、その台風の眼であることは申すまでもないが、ブームに先駆けて「山の怪談」の孤塁を守り続けてきた〈山の霊異記〉シリーズ（二〇〇八～）の安曇《あずみ》潤平しかり、今夏話題を呼んだcoco・日高トモキチ・玉川数《かずえ》による共著『里山奇談』（二〇一七）しかり、山というトポスには、人をして異界へと真摯《しんし》に対峙せしめる何かがあり、結果的に、膨大な数にのぼる怪談実話の温床となってきたのではないか……そんなことを考えさせられる昨今の盛り上がりである。

「書物を読まないで山に入るなんて、僕には考えられない。昔から、日本では山と書物は不可分の存在だ」

これは〈黒い本〉の一冊である伊藤正一『定本　黒部の山賊』（二〇一四／初版は一九六四）に収められた高橋庄太郎の寄稿文の一節だが、なるほど登山家には熱心な読書家が多く、読むばかりでなく、筆の立つ書き手もまた数多い。

古くは『日本風景論』（一八九四）の志賀重昂《しげたか》や『日本アルプス』（一九一〇～一五）の小島烏水《うすい》に始まり、本書にも作品を収録した深田久彌《きゅうや》、西丸震哉《しんや》、串田孫一、辻まこと等々、達意のエッセイストとして一家を成した岳人も少なくない。

しかも、たいそう興味深いことに、そうした人々の中には、好んで怪談奇聞を愛《め》でる気風――私が愛用する言葉を用いれば「おばけずき」な人々が、これまた少なくないのであった。

「山の怪談」の豊饒《ほうじょう》の背景には、こうした長きにわたる文化的背景が存するものと思われる。

それでは順を追って、本書の収録作家と作品について記してゆくことにしよう。

巻頭に掲げた**夢枕獏《ふさわ》「不思議な山」**（初出「山の本」第八号・一九九四年七月）は、全篇のプレリュードに相応しい好エッセイ。静かな語り口のうちに、山行への期待感、山が孕《はら》む神秘への畏敬の念が、じわりと伝わってくる。柴田錬三郎賞を受賞した傑作長篇『神々の山嶺《いただき》』（一九九七）や、山をテーマとする怪奇幻想小説をまとめた短篇集『呼ぶ山』（二〇一二）をはじめとして、作者には愛する山を発想の源泉とする作品も数多い。

山好きなら知らぬ者なき名著『日本百名山』（一九六四）で知られる岳人作家・**深田久彌**が、若き日にみずから体験した山中の怪異体験を回顧する**「山の怪談」**（初出「週刊朝日」一九三九年七月九日号）で幕を開ける二番目のパートには、幽霊や心霊現象にまつわる岳人たちの実体験談八篇を収録した。

「山中他界」という言葉もあるように、山は死霊のおもむく場所であるとする考えが、日本には古くから伝わっている。霊山に籠《こも》る修験者たちの修行にも、「死と再生」を疑似体験するイニシエーションの側面が色濃い。また実際に登山には、一歩まちがえば死に至る危険がつきものでもあり、冬山での傷ましい遭難事故も後を絶たない。

死と隣り合わせの場に身を置く岳人たちが、他界の消息にことのほか敏感であり、ときには死者たちの声を聞いたり姿を見たりするのも、首肯されるところだろう。

洋画家であり登山家としても知られた**上田哲農《てつの》**の**「焚火をかきたててからの話」**（初出「山」一九五〇年八月号）は、初出時には「山妖譚」と題されていた。単行本『日翳《ひかげ》の山　ひなたの山』（一九五八）収録に際して改題されたようだが、新たなタイトルのほうが断然、秀逸であろう。野営地での夕餉《ゆうげ》も終わり、深まる闇のなか焚火をかきたてて、おもむろに始まる怪談話……おばけずきな岳人たちにとって、至福のひとときに違いない。「蜘蛛《くも》」といい「ケルン」といい、実話であるにもかかわらず、ヒネリの利いた恐怖コントの切れ味をひそめているのは、山での語らいを重ねた修練の賜物だろうか。ちなみに初出の「山妖譚」にはもう一篇、「枕」と題する短いが薄気味の悪い小品が含まれているので、こちらも機会があれば紹介したいと思っている。

エッセイ集『山だ原始人だ幽霊だ』（一九七一／後に増補再編して『山とお化けと自然界』）のタイトルにも歴然なように、食生態学者としての本業のかたわら、山や秘境、さらには心霊・オカルトの領域にも旺盛な科学的探究心を発揮した**西丸震哉**は、「山の怪談」の魅力を戦後日本に広めた先覚者のひとりだろう。本書に採録した**「木曾御岳《おんたけ》の人魂《ひとだま》たち」**は、右の『山だ原始人だ幽霊だ』に「怪談」の総題で掲げられている話の一篇で、人魂とか火の玉などと呼ばれる怪火の実態を、このうえなく微細かつ即物的かつ科学的に描いて異彩を放つ。田中康弘『山怪・弐』（二〇一七）に頻出する怪火譚と読み較べてみるのも、また一興か。

「黄《ウォン》夫人の手」（一九一九）など長崎の中国人街を舞台にしたエキゾティックな怪奇小説で、

おばけずき読者には知られている**大泉黒石《こくせき》**は多作の人で、出世作となった長篇『老子』やユーモア小説、ロシア文学論などのほか、『山の人生』（一九四二）という異色の山岳紀行文集も手がけている。柳田國男の『山の人生』（一九二六）を意識したものかは定かでないが、山に棲む民の姿が独特の語り口で活写されている点、柳田版『山の人生』冒頭の名高い「山に埋もれたる人生ある事」と一脈通ずる側面もあって興味深い。その中から本書には、岳人たちが温泉に浸かって山の怪異を語らう趣向の**「谷底の絃歌」**を採った。

「山の怪異」といえば、ジャーナリスト出身の**下平廣恵《しもだいらひろえ》**が、その名も『山の怪異』と銘打つ怪談集を、信濃郷土誌出版社から一九四六年に上梓している。山の怪談実話は数多いが、丸ごと一冊を怪談に費やした著作は珍しい。次に「はしがき」の一節を引く。

「こうした山の生活の中で、私は多くの山の話を得た。伝説もあった。伝承もあった。伝説や伝承に近い様な不思議な実話もあった。私は山の案内人や、山麓の人達と爐を囲みながら、山の話を聞くのが好きである。山小屋の周囲に濃い闇がぎっしりつまった頃、仄暗いランプの下で、何時迄《いつまで》も山の妖しくも美しい物語りを聞いていること程《ほど》人の心をロマンチックにさせることは無い」

かつて「幽」第八号（二〇〇八年七月）で「山の怪談」を特集した際には、同書から「霊に招《よ》ばれた男」を復刻掲載したが、今回はその際、紙幅の都合で断念したオムニバス形式の雄篇**「山で見る幻影」**を採録することにした。著者の積年にわたる怪異探究ぶりを偲ばせる力作である。なお、作中で言及されている三田幸夫「松尾坂の不思議な幻影を思い返して」

やウィンパー『アルプス登攀記』について、原文と相違する表記が引用中に散見される旨の指摘を校閲者からいただいたが、本書では著者による引用文を尊重して、そのままとした。

一九五六年から翌年にかけて河出書房から全六巻で刊行された〈登山全書・随想篇〉（藤木九三・川崎隆章編）の第六巻『山の神秘』（一九五七）は、岳人による怪談実話アンソロジーの先駆として、貴重極まりない一巻といえよう。本書には同書から、典型的な山小屋怪談である**片山英一「怪談「八ガ岳」」**、山中に棲息する巨大生物の実在をなまなましく跡づけた**畠中善哉「鳥海湖畔の怪」**、秘境・檜枝岐《ひのえまた》にさきわう妖異の数々を筆録した**石川純一郎「奥会津檜枝岐怪異譚」**の三篇を採録している。

右の『山の神秘』には、怪談奇聞の類に交じって「山の遭難遺家族と語る」という座談会も収録されている。これは決して奇異なことではなく、かけがえのない肉親や友人の遭難死にまつわる哀切な霊異譚は、ことのほか数多いのである。**西野喜与衛《きよえ》「幻の山行」**（初出「山の本」第八号・一九九四年七月）もその好例というべく、「見えない同行者」という怪談話の一定型が、山を往く人々の間に今なお命脈を保っているという事実に、厳粛な感慨を覚えざるをえない。

詩人・哲学者・エッセイスト・翻訳家・画家……多彩にして膨大な文業を遺した**串田孫一**も、こよなく山を愛した稀代の文人だった。小品集『山の独奏曲』（一九七一）から抜いた**「夢」**は、山小屋に妖しくまたたく蠟燭《ろうそく》を描いて、このパートの冒頭に掲げた深田久彌「山の怪談」と鮮やかな好一対を成す小傑作である。これは本当に、ただの夢なのだろうか⁉

ここらで紙上の怪しい山行も小休止——ひと息ついて、岳人たちの恐ろしくも稚気あふれる語らいの場を覗いてみることにしよう。

ときに一九五〇年八月、山と溪谷社と並ぶ山岳書の出版社として昭和初期から定評のあった朋文堂は、当時、同社が発行していた雑誌「山」に、姉妹誌の「山と高原」を併合する策に出た（ただし翌年に再度分離）。その合併第一号で組まれたのが「山のお化け」特集である。先述の上田哲農「山妖譚」や岩科小一郎《いわしなこいちろう》「天狗行状記」、今野圓輔《こんのえんすけ》「やまびと・やまのかみ・やまのモノ」などの寄稿もさることながら、ひときわ目を惹くのが**「山のおばけ座談会」**だった。これは同年五月二十五日にお茶の水体育館で開催された**「山高クラブ」**（「山と高原」読者の親睦組織）主催の読者懇親会の席で収録されたものである。同号掲載の「山高クラブ会報」から引用すると「初夏の一夜、村崎さんの名司会によって自己紹介から山の怪談奇談に話がはずみ、朝倉あき子さんのマイマウンテンホーム外二曲の独唱、続いて蔵王やお馴染みノッポとチビの銀界縦走、オリンピックのスラローム等スキーの映画など豪華なプログラムに時のたつのも忘れ散会したのは十時も近い頃でした」とあって、当時の登山熱昂揚ぶりが実感されよう。

さて、画家・詩人・エッセイストとして多方面に才能を発揮した自由人・**辻まこと**の愛すべき小品**「七不思議」**（初出『山のＡＢＣ　３』一九六九）に始まる四番目のパートには、幽霊と並ぶ「山の怪談」の主役というべきＵＭＡ（未確認生物）や幻獣をめぐるノンフィクション十篇を収録した。

「山男や山女の話はいわば山の秘密である」という、まことに含蓄あるフレーズに始まる**丹野正**の**「山男秘譚」**、旅する版画家として『幽霊の書』（一九五〇）『飛驒遊記』（一九五一）など、おばけずき垂涎の画文集も手がけている**関野準一郎**の**「雪女」**の両篇は、先述の〈登山全書・随想篇〉第二巻『山の風物誌』（一九五六）から採録した。

西田幾多郎の高弟として独自のヒューマニズム哲学を確立した**務台《むたい》理作**が、郷里信州の妖怪変化の想い出を滋味掬《きく》すべき筆致で綴った**「黒沢小僧《くろざっこぞう》の話」**は、高雅な山の文芸誌「アルプ」の第七十九号（一九六四年九月）に発表されている。私がこの作品を知ったのは、池内紀《おさむ》が編纂した「アルプ」掲載作のアンソロジー『ちいさな桃源郷』（二〇〇三）によってだが、その編者解説「「アルプ」のこと」より引く。

「「アルプ」は山の雑誌だったが、山をめぐって鋭い観察と深い省察がつづられるとき、おのずと山の雑誌からはみ出した。山人や山の生きものたちが語られるとき、それは文明批判をおびてくる。そこにはつねに、それぞれが行きついた桃源郷が語られていた」

山と文芸との奥深い精神的関わりを示唆する、達意の一文といえよう。ちなみに同書において、丸々一章を割いて復刻されている大谷一良の〈あむばあ・うむばあ〉連作なども、怪談実話とは趣を異にするが、おばけずき諸賢に好評を博するに違いない。

登山家・アスリート・ジャーナリストとして日本初のヒマラヤ遠征にも同行した**竹節作太**

の著書『山に生きる』（一九四七）には、登山やスキー競技の回顧談と並んで「ヒマラヤの怪異」と題する章が設けられている。本書にはその中から幻怪味あふれる**「ヒマラヤの怪巨人と雪人」**を採録した。現地を踏破した書き手ならではの尋常ならざる臨場感を御堪能いただきたい。

山を愛するジャーナリストのＵＭＡ実話を、もう一篇。**斐太猪之介**《ひだ》『山がたり　なぞの動物たち』（一九六七）は、著者にとって五冊目の動物記であると同時に「山恋い日記であり、炉辺の夜ばなし」（同書「あとがき」より）でもあるという。その大半は、著者が山歩きの途次に出逢う実在の動物たちをめぐる珍談奇話だが、巻末に収められた**「野槌**《のづち》**騒動　山の妖怪の正体」**は、数あるＵＭＡの中でも実在の可能性が高いとされながら、いまだその正体が不明な「ツチノコ」の謎に迫る好個のルポルタージュとなっている。

山と海の怪異を対比して語るという趣向は、幸田露伴の「幻談」（一九三八）や、佐藤春夫の「山妖海異」（一九五六）といった文豪怪談でもおなじみだが、それらに先鞭をつけたのが、一九三六年八月に森田書房から刊行された**島影盟**《ちかい》『山の不思議・海の怪異』だった。特に「幻談」とは発表時期が近接しており、同書が露伴翁にインスピレーションをもたらした可能性もなしとしない。本書には前半部分にあたる**「山の不思議」**を全文収録した。

このパートの締めくくりには、戦前における怪談実話本の金字塔というべき**田中貢太郎**《こうたろう》の『新怪談集・実話篇』（一九三八）から、小品**「山の神の怒**《いかり》**」**を選んだ。山人・山妖の実話は珍しくないが、「山の神」の実話、それも関東大震災目前の都市部に降臨する話は珍重に価しよう。

近代怪談文芸の巨匠として、右の田中貢太郎と双璧を成す**岡本綺堂**《きどう》には、『文豪山怪奇譚』に収録した「くろん坊」をはじめ、記憶に残る「山の怪談」の名品が数多《あまた》ある。なかでも『近代異妖篇』(一九二六)所収の「木曾の旅人」(汐文社版『文豪ノ怪談ジュニア・セレクション〈霊〉』所収)は、山奥の杣《そま》小屋に暮らす父子と不穏な来訪者とのやりとりを通して、「見えない同行者」の妖影が浮かびあがる屈指の傑作として名高い。

第五のパートには、この「木曾の旅人」の原型となった綺堂の初期作品二篇に加えて、そこから派生した(もしくは源流を同じくする)とおぼしき三篇の実話作品を一挙収録することにした。

岡本綺堂**「木曾の怪物《えてもの》」**(初出「文藝倶楽部」一九〇二年七月号掲載のコラム「日本妖怪実譚」に「麴生」の署名で発表)は、「木曾の旅人」の序盤部分——猟師たちが山中で遭遇する怪異を物語る実話作品である。冒頭、「これは亡父の物語」とあるように、綺堂の父・岡本純《きよし》の見聞談であるらしい。

つづく**「炭焼の話」**は、一九一三年五月二十四日から六月二十七日まで「やまと新聞」に連載された連作「五人の話」(ほかに其一「奇術師の話」、其二「人魚の話」、其三「大磯の話」、其五「刺青師の話」より成る)の第四話である。「第四の男は語る——」という特徴的な冒頭部分からも分かるように、これは一種の枠物語、さらに申せば怪談会小説のスタイルを採用している点において、後の『青蛙堂鬼談《せいあどう》』（一九二六）の先駆形態となっている点でも注目に価しよう。ちなみに一九一三年といえば、綺堂も参加したとされる伝説の画博堂怪談会（参会者のひとりが田中河内介《かわちのすけ》の怪談を語る途中で昏倒した椿事で知られる）の前年であり、鏡花や喜多村緑郎《ろくろう》、水野葉舟らを中心に、文人墨客による百物語怪談会が盛んに催されている時代であった（一九〇九年発表の「雨夜の怪談」で、綺堂は「聞く所に拠れば近来も怪談大流行、到る所に百物語式の会合があると云う」と記している）。

すでに中公文庫版『近代異妖篇』解題で、編者の千葉俊二も言及しているように、その意表を突く結末を除けば、「炭焼の話」と「木曾の旅人」の相似は歴然である。「木曾の怪物」と「炭焼の話」という別々に書かれた物語を結び合わせ、後者の突き放すがごとき不可解な結末（なぜ子供や犬が旅人を怖れたのかは最後まで謎のままなのだ）に、怪談的な因果の理を徹《とお》すことで、不朽の名作「木曾の旅人」は誕生したのである。

さて、ここで同じく奇妙な相似形を成すふたつの作品を、お読みいただこう。**白銀冴太郎「深夜の客」**（初出「サンデー毎日」一九二八年七月二十二日号）と**杉村顕道《けんどう》「蓮華《れんげ》温泉の怪話」**（初出『信州百物語　信濃怪奇伝説集』一九三四）だ。

「深夜の客」は、薄田泣菫《すすきだきゅうきん》を選者に迎えて開催された「一頁古今事実怪談」懸賞募集の入選作である。懸賞募集は当時の雑誌の常套手段だが、怪談実話の公募まで実施されていたことに驚かれる向きもあるかと思う。

一方の「蓮華温泉の怪話」は、後に怪談作家としても名を成す（荒蝦夷《あらえみし》から『杉村顕道怪

談全集　彩雨亭鬼談』が刊行されている）顕道が、信州一円に伝わる「怪奇的伝説、鬼気身に迫る妖怪譚、更に嘗《かつ》て世人を震駭《しんがい》せしめし犯罪実話の数々」（同書「はしがき」より）を蒐集・再話した怪談奇談本の一篇である。全体の構成や描写の共通性に照らして、顕道が「深夜の客」にもとづいて再話したことは明らかだろう。もうひとつ考えられるのは、白銀冴太郎が顕道の筆名である可能性だ。

【追記】本書の刊行後、「深夜の客」をお読みになった杉村翠さん（顕道の御息女）から、若き日の顕道が、越後高田（現在の上越市）の友人宅に寄寓していた時期があること、そして「サンデー毎日」の懸賞募集にも何度か投稿していたようだという御教示を賜わった。確証こそ無いものの、「深夜の客」が顕道の作品である可能性は極めて高いといえよう。

さて、次に問題となるのは、果たして「深夜の客」が「木曾の旅人」の書き替えなのか、それとも両者に共通する何らかの原話があるのか、という謎だ。発表のタイミングから見て、「深夜の客」の作者が綺堂作品を目にした可能性は高いように思われるが、綺堂もまた巷間に伝わる怪談奇聞をしばしば創作の素材としており、後者である可能性もいちがいに否定はできない。

画家・登山家で『山の足あと』（一九八〇）『山のえほん』（一九八三）ほかの著書がある**岡部一彦**の**「一ノ倉の姿無き登山者」**（初出「山の本」第八号・一九九四年七月）は、後者の可能性を雄弁に示唆する貴重な作例だろう。ここまで具体的かつ詳細に話者が特定される形で、この物語が今に伝わっているということは……岳人たちの間に伝わる「木曾の旅人」物語群は、さまざまな心愉しき妄想を誘ってやまないのである（この件について何らかの情報を御存知の方は、ぜひとも山と溪谷社の編集部に御一報を賜わりたく、お願い申しあげます）。

なお、「蓮華温泉の怪話」については、加門七海《ななみ》による原書房版『異妖の怪談集』（一九九九）解説中に「知人に照合したところ、蓮華温泉というのは信州に現存する温泉であり、記されている怪談は、登山家の中では実話として、今に語り継がれるものだと聞いた」という注目すべき一節が認められ、samatsuteiのブログ「瑣事加減」にも「「木曾の旅人」と「蓮華温泉の怪話」拾遺」と題して、阿刀田高「恐怖の研究」やウェストン『日本アルプスの登山と探検』ほかへの詳しい言及がなされていることを申し添えておく。

先述の『山の風物誌』には、巻頭に**柳田國男**による**「山村民俗随談」**が掲げられていた。これは『柳田國男全集』などにも未収録の珍しい談話記事である（取材・掲載の経緯については川崎隆章の「附記」に詳しい）。山の怪談実話アンソロジーである本書の締めくくりに、いかにも相応しい寛いだ内容なので、エピローグとして収載することとした。

なお、山と溪谷社の〈黒い本〉シリーズ中にも、秀逸な山の怪談実話を収めた本は多いが、今回は収録対象から外したことを付言しておきたい。つい先ごろ河出書房新社から復刊された『山の怪奇・百物語』についても同断である。

底本一覧

＊

夢枕　獏「不思議な山」　「山の本」第八号　白山書房

＊＊

深田久彌「山の怪談」　『深田久彌・山の文学全集Ⅰ』朝日新聞社
上田哲農「焚火をかきたててからの話」　『日翳の山　ひなたの山』中公文庫
西丸震哉「木曾御岳の人魂たち」　『山とお化けと自然界』中公文庫
大泉黒石「谷底の絃歌」　『山の人生』大新社
下平廣惠「山で見る幻影」　『山の怪異』信濃郷土誌出版社
片山英一「怪談「八ガ岳」」　『登山全書・随想篇　山の神秘』河出書房
西野喜与衛「幻の山行」　「山の本」第八号　白山書房
串田孫一「夢」　『山の独奏曲』集英社文庫

＊＊＊

山高クラブ「山のおばけ座談会」　「山」一九五〇年八月号　朋文堂

＊＊＊＊

辻まこと「七不思議」　『山のＡＢＣ　３』創文社
丹野　正「山男秘譚」　『登山全書・随想篇　山の風物誌』河出書房
畠中善哉「鳥海湖畔の怪」　『登山全書・随想篇　山の神秘』河出書房
務台理作「黒沢小僧の話」　「アルプ」第七十九号　創文社
石川純一郎「奥会津檜枝岐怪異譚」　『登山全書・随想篇　山の神秘』河出書房

関野準一郎「雪女」　『登山全書・随想篇　山の風物誌』河出書房
竹節作太「ヒマラヤの怪巨人と雪人」　『山に生きる』双山社
斐太猪之介「野槌騒動」　『山がたり　なぞの動物たち』文藝春秋
島影　盟「山の不思議」　『山の不思議・海の怪異』森田書房
田中貢太郎「山の神の怒」　『新怪談集・実話篇』改造社

＊＊＊＊＊

岡本綺堂「木曾の怪物」　『伝奇ノ匣2　岡本綺堂妖術伝奇集』学研M文庫
岡本綺堂「炭焼の話」　「やまと新聞」一九一三年六月十九日～六月二十二日
白銀冴太郎「深夜の客」　「サンデー毎日」
一九二八年七月二十二日号　大阪毎日新聞社・東京日日新聞社
杉村顕道「蓮華温泉の怪話」　『信州百物語　信濃怪奇伝説集』信濃郷土誌刊行会
岡部一彦「一ノ倉の姿無き登山者」　「山の本」第八号　白山書房

＊＊＊＊＊

柳田國男「山村民俗随談」　『登山全書・随想篇　山の風物誌』河出書房

＊本書は、右記の各書を底本とし、新漢字、現代仮名づかいに揃えました。
＊明らかな誤字や脱字は訂正し、読みやすさを考慮して振り仮名を加減しました。一部、句読点を追加したり、括弧類を整理した箇所があります。
＊記述内容は、すべて底本刊行当時のものです。地名や山名、山小屋の状況などが現在とは異なる場合がありますこと、お含みおきください。
＊本文中に、今日の人権意識では不適切とされる語句や表現が見受けられますが、発表当時の社会背景と作品の文学的価値を尊重して、原文のまま掲載しました。

東　雅夫（ひがし・まさお）――編者

一九五八年、神奈川県生まれ。雑誌「幻想文学」の編集長を創刊から終刊まで二十一年間にわたって務める。現在は、怪談専門誌「幽」の編集顧問、怪奇・幻想文学の評論家として活躍。二〇一一年には『遠野物語と怪談の時代』で日本推理作家協会賞を受賞した。アンソロジストとして、埋もれた作品の紹介も数多く手がけている。

アートディレクション＝勝峰 微
装丁＝高橋 潤
編集＝藤田晋也、宇川 静・勝峰富雄（山と溪谷社）
校正＝後藤厚子

山怪実話大全

岳人奇談傑作選

二〇一七年一一月二五日 初版第一刷発行
二〇一八年 一 月二八日 初版第三刷発行

編 者 東 雅夫
発行人 川崎深雪
発行所 株式会社山と溪谷社
〒一〇一－〇〇五一
東京都千代田区神田神保町一丁目一〇五番地
http://www.yamakei.co.jp/
◎乱丁・落丁のお問合せ先
山と溪谷社自動応答サービス
電話 〇三－六八三七－五〇一八
受付時間 一〇～一二時、
一三～一七時三〇分（土日・祝祭日を除く）
◎内容に関するお問合せ先
山と溪谷社
電話 〇三－六七四四－一九〇〇（代表）
◎書店・取次様からのお問合せ先
山と溪谷社受注センター
電話 〇三－六七四四－一九一九
FAX 〇三－六七四四－一九二七

印刷・製本 大日本印刷株式会社
定価はカバーに表示してあります

Printed in Japan ISBN978-4-635-32011-5